LES

GRANDES INDUSTRIES

I

OUVRAGES DU MÊME AUTEUR :

CONTES DU CHANOINE SCHMID, splendide édition, illustrée par GAVARNI et publiée pour l'éducation du comte de Paris. 2 vol. in-8. jésus. Prix, 24 fr.

CONTES POPULAIRES DE L'ALLEMAGNE, enrichis de 300 gravures de RICHTER et des premiers artistes allemands, 4 vol. in-18. Prix, 12 fr.

LIBRE ÉCHANGE, NOTES DE VOYAGES sur l'état de la métallurgie en Europe, sur les questions douanières, le sort des classes ouvrières, etc. 1 beau vol. in-8., avec tableaux. Prix, 5 fr.

LA VÉRITÉ SUR LES PRISONS, in-8. Prix, 2 fr. 50 cent.

JOURNAL DES PRISONS ET DES ÉTABLISSEMENTS DE BIENFAISANCE.

FRANCE ADMINISTRATIVE, recueil hebdomadaire.

LES JUIFS DE FRANCE, LEURS MŒURS, LEUR HISTOIRE, in-18.

CE QUE SONT LES JUIFS DE FRANCE, in-18.

PARABOLES, joli volume, in-18. Prix, 2 fr.

LOÏDOROS, petit livre des salons, in-32.

ITINÉRAIRE DE PARIS A ALGER ET D'ALGER A PARIS.

DE LA COLONISATION EN AFRIQUE, par les pauvres, les orphelins et les condamnés libérés, in-8.

LES SANGSUES, étude d'histoire naturelle, in-8.

LES GRANDES INDUSTRIES, formant 2 beaux volumes in-8°, composés de 10 Études. Prix : 12 fr.

POISSY. — TYPOGRAPHIE ARBIEU.

A. CERFBERR DE MÉDELSHEIM

LES GRANDES INDUSTRIES

I

LE GAZ.

HUILE, CIRE, SUIF; BOIS, HOUILLE, COKE, ETC.
GAZ — GAZ DE HOUILLE — D'HUILE — DE GOUDRON — DE TOURBE
PAR LA PILE GALVANIQUE — PAR L'ÉLECTRO-MAGNÉTISME.
GAZ À L'EAU: PROCÉDÈS SELLIGUE — KIRKHAM, ETC.
GAZ PLATINE — CHAUFFAGE PAR LE GAZ.

Prix : 1 fr. 50 c.

PARIS
AUGUSTE BOURET ET Cie, LIBRAIRES-ÉDITEURS
7, RUE BONAPARTE, 7

1856

CONSIDÉRATIONS PRÉLIMINAIRES.

Depuis longtemps nous avons accoutumé de rechercher le nouveau partout où il se trouve, de proclamer l'utile, de signaler le progrès et de nous dévouer aux choses de l'avenir, il nous a donc semblé naturel de traiter le sujet qui nous occupe.

C'est vers l'amélioration matérielle des masses que les économistes ont surtout dirigé leurs efforts, et malgré tant de travaux, tant de découvertes, tant de conseils de la science, il est étrange de voir combien il est difficile aux meilleures comme aux plus simples choses de se propager. Nous proclamons, à raison sans doute, notre temps le siècle des lumières par excellence, et il est navrant de voir les plus saines choses rester à l'état de théorie.

Cela tient à diverses causes : à la routine d'abord, puis à la crainte de s'abandonner trop vite aux innovations, enfin à cette manie d'accaparement, d'exploitation en grand, de monopole, à laquelle l'industrie est en proie et qui n'est qu'un étouffoir du progrès, tandis que ce devrait être une condition d'économie et de propagation du bien. S'agit-il de décider une ville, une commune à adopter certaines améliorations qui décupleraient ses attraits et ses avantages, il suffit dans le conseil municipal d'un homme malintentionné, ou envieux, ou dont les intérêts, ou même l'amour-propre soient quelque peu froissés, pour faire rejeter les meilleures choses; il ne faut, hélas! qu'une brebis galeuse pour infester tout le troupeau.

Cela ne diminue en rien notre ardeur pour le bien public et après avoir, dans une publication récente (1), appelé l'attention de nos contemporains sur des idées et des applications sainement économiques recueillies par nous dans nos pérégrinations lointaines, nous venons nous appesantir aujourd'hui particulièrement sur les différents modes de chauffage et d'éclairage usités de nos jours. Nos études porteront sur tous les procédés connus, et nous conclurons en faveur de celui qui nous semblera le meilleur.

Il ne paraît pas que les hommes se soient d'abord grandement préoccupés des moyens économiques ou commodes de se chauffer et de s'éclairer. La civilisation, qui a commencé dans les pays d'Orient, n'avait que faire du chauffage; les forêts, longtemps inépuisables, fournirent toujours assez de bois pour cet usage et, longtemps aussi sans doute, les flambeaux de résine qui illuminèrent les fêtes et les veillées. Plus tard l'olivier donna ses fruits en abondance, et la lampe pri-

(1) LIBRE-ÉCHANGE, notes de voyages sur les tarifs douaniers, le fer, la fonte, les autres métaux, la houille, les classes ouvrières, etc., 1 vol. in-8° avec tableaux. Prix 5 fr. Chez les mêmes libraires.

mitive fut trouvée dans une coquille ou un morceau d'argile pétrie. On ne songea dès lors plus à trouver d'autres combustibles, et comme les anciens avaient un sentiment profond et inné du beau, on pensa uniquement à créer la forme; de là ces charmantes lampes, ces flambeaux élégants que nous a légués l'antiquité, et qui nous servent de modèles éternels. Tout au plus parfumait-on de temps en temps l'huile qui servait dans quelques temples ainsi qu'aux riches, et nous ne connaissons d'innovation remarquable en fait d'éclairage que celle imaginée par Néron, pour illuminer ses jardins; elle consistait, il est vrai, en chrétiens vivants induits de poix, et nous ne sachons pas qu'on ait renouvelé l'essai.

La cire fut employée ensuite en concurrence avec l'huile, et ce n'est que plus tard qu'on introduisit l'usage du suif qui est principalement un produit de l'industrie du Nord.

Quant à la lampe, elle resta à peu près jusqu'au dernier siècle ce qu'elle était déjà à la main de l'indiscrète Psyché, c'est-à-dire un simple récipient d'huile brûlant au moyen d'une mèche.

Cette mèche rendait la lampe essentiellement fumeuse; c'est Argant, le premier, croyons-nous, qui inventa le double courant d'air qui permit de brûler à blanc. Depuis, la lampe a marché de progrès en progrès. Prenant principalement le nom de ceux qui y apportèrent des perfectionnements, elle s'est appelée Quinquet, Carcel, Neuburger, Silvant, Locatelli, etc.; elle s'est simplifiée au point que, pour 4 ou 5 fr., on peut avoir maintenant une lampe avec un globe et un pied, brûlant à blanc très-peu d'huile, et donnant une lumière satisfaisante.

Nous verrons plus tard qu'on peut s'éclairer encore mieux et à meilleur marché, quoique l'on tire maintenant de l'huile d'une foule de choses, de la navette, de la noix, de l'œillette, du colza, du schiste, etc., etc., et que le suif épuré, la stéarine ait détrôné à la fois et la cire et le nauséabond suif commun. C'est aux travaux de M. Chevreul que l'industrie doit ce dernier bienfait, comme bien d'autres encore, et c'est à un ingénieur, administrateur actuel d'un de nos départements, M. de Cambacérès, qu'on doit l'ingénieuse idée de la mèche de coton *tissée*, qui ne laisse aucun résidu à la combustion.

Le chauffage fit encore moins de progrès que l'éclairage. Ce n'est que fort tard que l'on employa la houille, quoique son aspect seul donne l'idée d'un combustible, et il y a à peine un demi-siècle que son emploi est entré dans les usages normaux de notre société.

C'est vers cette époque aussi que le gaz combustible et éclairant fit son apparition. Depuis longtemps on reconnaissait à certains gaz la propriété de s'enflammer; les Chinois employaient à cet usage des gaz naturels qui sourdaient de terre et qu'ils conduisaient dans des tubes de bambou, mais on n'avait pas encore imaginé d'en produire d'artificiels, ou plutôt les gaz n'étaient encore ni étudiés ni connus. En vain le terrible *grisou* semblait-il indiquer la découverte nouvelle, en vain la source enflammée de Burning-Well, dans le Lancastershire, semblait-elle mettre sur la trace, en vain la *Grotte du Chien*, en Italie, donnait-elle des indications précises sur les gaz délétères, ce n'est guère que vers la fin du XVIe siècle, si l'on en croit les *Transactions philosophiques*, année

1739, que James Clayton découvrit en distillant de la houille un gaz inflammable qu'il conservait dans des vessies pour le brûler à volonté. — Ce fut là le premier gazomètre.

Divers essais eurent lieu pour se procurer de l'air inflammable ; c'est Cavendish qui, le premier, découvrit, en 1766, le gaz hydrogène, qu'il appela d'abord *gaz inflammable*, auquel Lavoisier donna, plus tard, son nom actuel. Mais c'est en France que fut découvert l'art d'éclairer par le gaz, et c'est à l'ingénieur Philippe Lebon qu'on en doit l'idée, qui remonte à l'an 1785 ou 1786. En l'an VII, il annonça sa découverte à l'Institut ; l'année suivante il prit un brevet d'invention et, en 1801, il publia un mémoire intitulé : *Thermolampes ou poêles qui chauffent, éclairent avec économie et offrent, avec plusieurs produits précieux, une force motrice applicable à toute espèce de machines.* — Voilà bien des choses, et cependant il n'y avait rien de trop; Lebon indiquait, du premier coup, tout ce que l'avenir réservait à la houille, quoique ses expériences ne se fissent d'abord qu'avec du bois, qu'il distillait pour en recueillir les gaz, l'huile, le goudron, l'acide pyroligneux, annonçant la possibilité de distiller toute substance grasse et la houille. Il mit bientôt ses théories en pratique en éclairant, rue Saint-Dominique, l'hôtel Seignelay avec du gaz de houille.

Mais le pauvre Lebon devait payer cher, comme la plupart des inventeurs, les inspirations du génie. L'insuccès et la misère récompensèrent ses efforts et, un matin, on le trouva percé d'un coup de poignard, sans qu'on sût s'il fallait attribuer sa mort au suicide ou à l'assassinat.

Ce fut un Allemand, Winsor, qui recueillit l'héritage de Lebon, dont il avait traduit en allemand et en anglais le mémoire adressé à l'Institut. Il prit un brevet en Angleterre, quoiqu'on lui contestât la priorité de l'idée, le sieur Henry de Manchester la réclamant en faveur de Murdoch qui, disait-il, avait fait des expériences dès 1792, avait conduit le gaz au moyen de tubes jusqu'à 70 pieds, illuminé, à Birmingham, l'usine de Soho à l'occasion de la paix d'Amiens, et obtenu, en 1806, une médaille de la Société royale.

Les bonnes idées, lorsqu'elles sont mûres et qu'elles arrivent en leur temps, éclosent, assez souvent, dans plusieurs cerveaux à la fois. Dès que l'élan est donné, les esprits s'ingénient à trouver les résultats et les applications ; il n'y a donc rien d'extraordinaire à voir tant d'inventions revendiquées à la fois par plusieurs, et n'être quelquefois en propre à personne.

C'est ainsi que Minklers, professeur à Louvain, réclama la priorité de la découverte, parce qu'il avait publié, en 1784, d'après Ch. Morren, les procédés pour extraire le gaz de la houille et l'appliquer à l'ascension des ballons.

Enfin, l'abbaye de Curloss employa, bien avant cela, comme éclairage, dans des vases et sans tuyaux, le gaz de houille distillée pour obtenir du goudron

Quoi qu'il en soit, Winsor et Murdoch éclairèrent plusieurs fabriques de Manchester, entre autres celle de Watt, et, dès 1805, on se servait d'appareils inventés par Clegg et Pemberton.

Cependant les efforts de Winsor aboutirent à la ruine ; mais son ardeur infatigable sut surmonter les difficultés et donner le change sur les avantages problématiques encore des procédés imparfaits qu'il avait à sa disposition.

C'est en 1804 que s'établit, à Londres, la première société pour l'exploitation de l'éclairage par le gaz; mais ses ressources s'épuisèrent en frais. En 1810, Winsor et ses associés reçurent du Parlement un bill d'incorporation; les désastres continuèrent jusqu'en 1812, où Clegg fut mis à la tête de la Société qui commença alors à marcher sans pertes. En 1816, la compagnie reçut un troisième bill d'incorporation qui consacrait ses priviléges. Désormais l'affaire était sauvée, et voyant qu'elle faisait des bénéfices, d'autres sociétés se créèrent.

Le persévérant Winsor apporta ensuite son industrie en France, où il publia une traduction du traité d'Accum sur l'éclairage au gaz, se bornant, comme on voit, à propager, à profiter des travaux d'autrui, ne se réservant que la faculté de l'impulsion. En 1816, il fit des expériences dans un salon des passages des Panoramas qu'il éclaira entièrement l'année suivante. En 1818, M. Chabrol de Volvic, préfet de la Seine, fit construire, à l'hôpital Saint-Louis, un appareil pour servir d'éclairage modèle.

Cependant, soit que la France fût lente à accepter le progrès, soit qu'elle ne fût pas mûre encore pour le comprendre, soit, enfin, que Winsor fût propagateur plus ardent qu'administrateur habile, toujours est-il que sa société sombra et que M. Pauwels se rendit, en 1820, adjudicataire du matériel, et fonda une Compagnie qui croula à son tour, mais qui devait se relever plus tard et prospérer. C'était celle qui avait son siége faubourg Poissonnière. Ce fut Louis XVIII, imité bientôt par les courtisans, qui encouragea la société par des avances de fonds, et c'est à sa royale intervention que notre pays dut d'être doté de l'éclairage nouveau. Toutefois, si la propagation ne s'en fit pas plus rapidement, on le doit surtout à la défectuosité des premiers appareils qui lui laissaient tous ses défauts, et quoique chaque jour amenât et amène encore d'utiles modifications, ce n'est que depuis peu que les procédés de fabrication et d'éclairage ont atteint la simplicité et le degré de perfection qu'ils ont maintenant.

C'est à deux Anglais, M. Clegg, et plus tard à M. Crosley, qu'on doit les premiers perfectionnements apportés à des appareils qui n'ont guère été dépassés depuis eux.

L'imagination humaine s'étend toujours au delà du possible. On ne se borna bientôt plus à demander du gaz éclairant à la houille; on essaya d'en faire avec l'électricité, avec des pépins de raisin, des dégras, des eaux savonneuses, de la vase, de la boue, des matières fécales, de la tourbe, de l'huile, et enfin avec l'eau. On a ri longtemps de tous ces efforts, les savants les premiers, et cependant ils devaient aboutir à quelques succès, puisqu'il est resté démontré que l'on peut parfaitement faire du gaz combustible avec ces trois derniers éléments. Pour notre part, nous ne méprisons et nous ne nous moquons d'aucune recherche, d'aucune tentative dans le vaste champ de la science : nous savons que nos connaissances modernes dérivent en partie des spéculations des rêveurs alchimistes du moyen âge. Nous l'avons déjà dit, d'ailleurs, maintenant que nous avons conquis ce qui était le plus insaisissable, le temps et l'espace, qui sait où s'arrêteront les progrès de l'esprit humain? Chaque jour apporte sa pierre à l'œuvre de l'avenir, un changement dans les procédés employés, sa réforme dans les choses d'hier, et déjà surannées, et si Dieu a posé des bornes aux flots de l'Océan, sait-on jusqu'à quel point il a dit au génie de l'homme : « Tu n'iras pas plus loin ! » Nous qui ne sommes pas savant, au contraire, nous sommes donc plein de respect pour les éclosions nouvelles, et, papillon de la science, nous allons de fleur en fleur prélevant notre butin et formant les éléments de notre petit savoir, heureux quand nous pouvons être des premiers à découvrir et à propager les choses utiles.

GAZ DE HOUILLE.

Pour nos lecteurs comme pour nous-même, il est utile de leur faire part de quelques notions glanées par-ci par-là dans des livres spéciaux(1), et dans des notes particulières qui nous ont été communiquées.

Pour se rendre compte des opérations de l'éclairage au gaz de houille, il faut savoir que les corps simples qui composent ce combustible minéral sont le carbone, l'hydrogène, l'oxygène et l'azote. L'action de la chaleur les sépare, mais ils se recombinent tout aussitôt pour former de nouveaux corps. Une partie de l'hydrogène s'unit avec le carbone et forme le gaz; une autre portion forme de l'eau en s'unissant avec l'oxygène; la dernière enfin se combine avec l'azote pour pro-

(1) Notamment dans le *Manuel de l'éclairage au gaz*, par M. MAGNIER, un des meilleurs de la collection Roret.

duire de l'ammoniaque. Tous ces corps volatils abandonnent le carbone qui reste seul : c'est le coke. Ce ne sont là que les principaux corps mis à découvert par la distillation de la houille ; nous verrons plus tard que cette opération donne naissance à bien d'autres.

L'hydrogène pur est un gaz incolore, insipide et inodore; c'est le plus léger de tous les corps. Il éteint les corps en combustion; mais au contact de l'air il brûle avec une flamme presque imperceptible, développe beaucoup de chaleur et produit de l'eau. L'eau n'en dissout que 0, 04 de son volume, et il constitue le 9e de son poids; la pression la plus forte ne peut le liquéfier. On le trouve combiné avec un très-grand nombre de corps et dans presque toutes les matières végétales et animales.

Le gaz hydrogène carboné (hydrogène demi-carboné ou proto-carboné) est composé d'un tiers ou 100 volumes de vapeurs de carbone, et de deux tiers ou 200 volumes d'hydrogène. Ce gaz est incolore, presque inodore, insoluble dans l'eau, et constitue la plus grande partie du gaz de houille. Il se trouve en quantité et tout formé dans la nature, dans les mines de houille, dans les marais, partout où les végétaux entrent en putréfaction; il est mélangé avec de l'oxygène, de l'acide carbonique et de l'azote. On sépare l'oxygène par le phosphore, l'acide carbonique par une dissolution de potasse, mais l'azote n'en peut être extrait. Ce gaz est très-inflammable; il brûle avec une forte flamme jaune, et sa combustion produit de l'eau et de l'acide carbonique.

L'hydrogène pur carboné (hydrogène bi-carboné ou gaz oléifiant, de *oléogène*, principe de l'huile) se produit par la distillation de l'huile, de la résine et même de la houille, selon la conduite de l'opération. Ce gaz est incolore, d'une odeur empyreumatique quand il n'est pas pur, peu soluble dans l'eau, qui en dissout un 8e de son volume; il éteint les corps en combustion; au contact de l'air et d'un corps enflammé, il brûle avec une flamme blanche intense, et absorbe une grande quantité d'oxygène; sa combustion produit de l'eau et de l'acide carbonique.

Ces deux derniers gaz, comme tous les composés d'hydrogène et de carbone, sont appelés *carbures d'hydrogène* ou *hydrocarbures*.

Parmi les impuretés que recèle la houille, il faut surtout compter le soufre qui se trouve à l'état de sulfure de fer. Pendant la distillation il se décompose, se combine avec de l'hydrogène et produit du gaz hydrogène sulfuré, dont une partie s'unit à l'ammoniaque et l'autre se mêle au gaz d'éclairage dont on le dégage par l'action des épurateurs. L'hydrogène sulfuré est incolore; il exhale une mauvaise odeur d'œufs pourris; il est tellement délétère qu'un chien périt instantanément dans une atmosphère chargée d'un 8/100e de ce gaz. Le chlore agit sur lui d'une manière énergique. Il se dissout dans son volume d'eau et lui communique ses propriétés caractéristiques. Il brûle avec une flamme bleue et dégage une odeur suffocante. Sa combustion produit de l'eau par la combinaison de l'hydrogène avec l'oxygène, tandis que le soufre, s'unissant à une autre partie d'oxygène, produit de l'acide sulfureux dont la vapeur ternit les métaux et les couleurs. Comme il en reste toujours dans le gaz de houille, surtout dans les localités où on le fabrique en quantité, cette propriété est cause qu'on ne peut l'employer dans les appartements.

L'*azote* est une des parties constituantes de la houille ; on rencontre donc ses composés dans tous les produits de la distillation. Il éteint les corps en combustion, n'est pas absorbé par l'eau et forme principalement de l'ammoniaque ou azoture d'hydrogène. Ce dernier gaz est incolore, très-âcre et très-caustique. Son odeur vive et pénétrante agit sur la respiration et provoque les larmes. Il se dissout très-facilement. L'eau en absorbe le tiers de son poids ou 500 fois son volume, et forme l'ammoniaque liquide. L'ammoniaque est entièrement alcalin, s'unit promptement aux acides, et forme des sels qui se subliment à une température relativement très-basse ; uni à l'hydrogène sulfuré, il produit une substance volatile très-incommodante.

Lors de la distillation de la houille il reste, dans le liquide qui surnage au-dessus, du goudron dont on le sépare ensuite.

Enfin, quand le gaz de houille n'est pas encore purifié, on y rencontre souvent du cyanogène qui, en se combinant avec l'hydrogène, produit l'acide hydro-cyanique, poison violent qui n'est autre que l'*acide prussique.*

Ainsi, outre le coke, la distillation de la houille produit du gaz et des vapeurs qui s'échappent de la cornue. Parmi les produits volatils, il en est qui se condensent après s'être dégagés, et d'autres qui restent à l'état gazeux ou qui le conservent plus longtemps. Nous trouvons après la décomposition de la houille, une foule de corps dont les uns constituent le gaz d'éclairage, les autres lui sont étrangers ou nuisibles ; quelques-uns sont dangereux et ne peuvent souvent en être séparés complétement. On compte donc le goudron, l'eau, l'ammoniaque, le gaz hydrogène demi-carboné, les huiles volatiles ou hydrocarbures, l'oxyde de carbone, l'acide carbonique, l'acide acétique, l'acide hydro-sulfurique (hydrogène sulfuré ou acide sulfhydrique), le sulfure de carbone, la benzine, la naphtaline, la paranaphtaline, la créosote, etc. On voit que la fabrication du gaz éclairant de houille est une opération aussi délicate que compliquée ; qu'il faut des appareils nombreux et parfaits pour y procéder, et que la moindre ignorance, la moindre négligence peut faire contracter à ce gaz les propriétés nuisibles les plus épouvantables.

Il n'est pas inutile ici de faire connaître la pesanteur spécifique de quelques-uns des corps que nous venons de nommer, afin de simplifier notre étude. On sait que l'unité du poids pour établir la comparaison, est l'air atmosphérique (pour les gaz) ou l'eau distillée, à environ 4 degrés ; on les représente l'un et l'autre par 1,000 :

Ainsi l'eau	1,000
Hydrogène pur	0,0688
Oxygène	1,1026
Azote	0,976
Hydrogène carboné	0,555
— bicarboné (oléifiant)	0,978
— sulfuré, acide sulfhydrique	1,1912
Gaz ammoniacal	0,5967
Acide carbonique	1,5243
Oxyde de carbone	0,9569
Cyanogène	1,8064
Vapeur d'eau	0,6235
— d'alcool	1,6133
— de naphtaline	4,528
Carbone	0,84279

On voit que l'hydrogène pur est le plus léger des corps; sa pesanteur est 14 fois moindre que celle de l'air atmosphérique et 8 fois plus faible que celle du gaz de houille. Ce sont aussi les gaz les plus lourds qui sont les plus nuisibles: l'acide sulfhydrique, l'acide carbonique, l'oxyde de carbone, le cyanogène et leurs composés.

Il est important de bien choisir la houille destinée à fabriquer le gaz. Nous avons, dans une autre publication, donné sur les combustibles minéraux, leurs caractères, leurs gisements et leurs productions, les dernières notions de la science actuelle, nous nous bornerons donc à répéter ici que la meilleure houille est celle que les Anglais possèdent seuls et qu'ils appellent *Cannel-Coal,* puis vient la houille grasse, ensuite la houille sèche, qui est la moins favorable. Comme la vente du coke, résidu important de la distillation, doit entrer pour beaucoup dans les considérations industrielles de l'exploitation du gaz, il faut choisir la houille qui donne non-seulement le meilleur gaz, mais encore le meilleur coke, et prendre un grand nombre de précautions pour la préserver de l'humidité, l'empêcher de s'échauffer, etc.

Pour le chauffage de la chaudière, la houille maigre est préférable.

Pour fabriquer le gaz on distille donc la houille; à cet effet, on l'enfourne dans des cornues qui, pour se trouver dans des conditions favorables, doivent être au nombre de cinq, superposées les unes aux autres, trois et deux. Elles affectent généralement la forme d'un ⊓ renversé, ce qui leur en donne même le nom. Lorsqu'une usine comporte la disposition de cinq cornues, elles ont rarement plus de deux mètres et demi de longueur sur 50 cent. de diamètre intérieur. Lorsqu'elles sont en moindre nombre, leurs dimensions sont plus grandes. Elles sont en fonte grise, enchâssées dans un massif de maçonnerie en briques réfractaires; leur capacité permet généralement d'y enfourner un hectolitre de houille; elles pèsent de 700 à 750 kil.

Les cornues doivent être chauffées à 900 degrés centigrades, c'est-à-dire au rouge cerise; il y aurait des inconvénients à augmenter ou à diminuer cette intensité de chaleur, dont le principal avantage est de conserver plus longtemps les cornues par le maintien d'une même température.

Les praticiens qui ont ordinairement des méthodes particulières d'appréciation et d'action, en dehors des données théoriques et mathématiques de la science, s'en rapportent à l'œil pour juger de l'intensité de la chaleur plutôt qu'au thermomètre. Ainsi ils estiment que

Le rouge naissant équivaut à . . .	515	degrés.
— sombre	700	»
— cerise compacte . . .	800	»
— cerise	900	»
— cerise clair.	1000	»
L'orangé foncé.	1100	»
— clair.	1200	»
Le blanc	1300	»
— éclatant.	1400	»
— éblouissant.	1500	»

Les expériences que nous avons faites pour vérifier ces curieuses données, les ont presque toujours démontrées à peu près exactes.

Le fourneau qui sert à chauffer les cornues, est alimenté

au moyen de houille maigre ou de coke, avec, souvent, une addition de goudron. Une cornue, régulièrement et continuellement chauffée, doit durer une quinzaine de mois. Il faut de grandes précautions pour allumer et éteindre les fourneaux ; faire l'un ou l'autre brusquement serait s'exposer certainement à les altérer.

On a essayé de substituer des cornues en terre avec têtes en fonte aux cornues entièrement de fonte. Les épreuves n'ont pas été concluantes, quoique notre opinion, bien arrêtée, soit qu'on peut arriver à s'en servir avec avantage. L'opération de la distillation dure ordinairement 6 heures ; mais en la forçant, on peut la faire en quatre heures.

Dans les cornues, la houille dégage tous les éléments dont elle est composée; les parties volatiles s'échappent et sont reçues dans un *barillet* en fonte ou en tôle qui longe le dessus des fourneaux; il est rempli d'eau, et reçoit le goudron provenant de la distillation.

Le gaz s'échappe du barillet pour se rendre dans un *condensateur,* tandis que le goudron et l'ammoniaque se rendent dans un réservoir spécial, appelé *puits a goudron;* comme celui-ci est plus lourd que l'ammoniaque, il se précipite au fond, laissant surnager l'ammoniaque, autrement dit, l'alcali. Le condensateur a pour effet de refroidir le gaz, de le condenser, de le dépouiller des vapeurs d'eau et d'hydrocarbures qui sont à l'état aériforme, et qu'il recueille en liquides. Il est ordinairement disposé par tuyaux en forme de jeu d'orgue ou de spirale.

L'opération qui consiste à faire passer ensuite le gaz par le *laveur,* est destinée à parfaire l'office du condensateur, et absorbe le gaz ammoniac dont l'eau a la propriété de dissoudre 500 fois son volume ; il s'agit donc d'avoir le gaz le plus longtemps possible en contact avec la plus grande surface d'eau. A cet effet, on lui fait traverser l'eau et on le fait ressortir par des milliers de petits trous pratiqués dans une plaque de fonte ; on opère à cet effet une certaine pression ; l'eau est renouvelée chaque fois qu'elle est saturée d'ammoniaque, c'est-à-dire, qu'elle en a absorbé la quantité qu'elle peut contenir, soit 500 fois son volume.

Enfin, le gaz traverse des *épurateurs* à la chaux, dont la destination est de le débarrasser de l'acide hydro-sulfurique, de l'acide carbonique, de l'hydro-sulfate d'ammoniaque qui altèrent la lumière ; leur présence se manifeste par une odeur désagréable. L'épurateur est une caisse divisée en deux compartiments où sont superposées trois plaques de tôle percée, ou trois claies d'osier chargées d'hydrate de chaux saupoudré sur du foin, ou de la mousse trempée dans du lait de chaux. Le gaz traverse successivement les six lits de chaux, pour se rendre ensuite aussi épuré que possible dans les *gazomètres* ou réservoirs, d'où on le tire pour le livrer à la consommation. On se sert pour l'épuration de chaux grasse parfaitement éteinte depuis quelques jours. Il faut environ un hectolitre de chaux pour épurer le gaz produit par 15 hectolitres de houille.

Le *gazomètre* est une grande cuve de maçonnerie, revêtue d'une calotte mobile, en tôle ou en zinc, dont la circonférence inférieure trempe dans l'eau, afin de ne pas laisser échapper le gaz qui y est reçu et qui sort par des issues à valves pour se répandre dans les tuyaux de conduite qui le portent aux consommateurs. La difficulté consiste à construire une cuve parfaitement imperméable. L'office de la calotte est de s'élever ou de s'abaisser à mesure que le gaz afflue ou s'échappe de la cuve et d'exercer sur lui une pression régulière qui favorise son expansion dans les tuyaux de conduite.

On se sert de différents moyens et instruments pour régulariser la pression. Ainsi on a le *manomètre* ou *indicateur* de pression; un *régulateur* qui régularise l'émission du gaz selon les besoins de la consommation; des *valves*, qui remplacent les robinets pour les gros tuyaux; des *syphons* placés de distance en distance, et dans les coudes, pour recevoir les liquides qui se forment en quantité notable, qui obstrueraient bien vite les conduites; enfin, des *compteurs* qui, marquant la quantité exacte de gaz sorti, complètent à peu près le système d'une fabrique de gaz à la houille, sans compter les halles et bâtiments nécessaires à l'exploitation ainsi que la longue cheminée nécessaire aux fourneaux.

Des tuyaux de fonte, de tôle bitumée, et même de terre ou de bois, sont placés à une certaine profondeur de la voie publique, et servent à porter le gaz aux consommateurs qui y pratiquent des saignées au moyen de branchements particuliers en plomb qui le distribuent à leur tour dans les tubes de fer et appareils où il brûle et éclaire.

Pour constater les fuites si dangereuses qui se déclarent si souvent dans les tuyaux de conduite, on se sert de plusieurs instruments, dont le meilleur jusqu'ici paraît être le *cherche-fuite* Maccaud.

On comprend que les données que nous transcrivons ici,

ne sont que sommaires, qu'il y a pour chaque opération de la fabrication du gaz, des variétés et des méthodes dans les détails desquelles nous n'avons pu entrer, mais les procédés que nous décrivons principalement d'après MM. Magnier et Robert d'Hurcourt (1), suffisent pour donner un aperçu de l'industrie du gaz. On se sert d'ailleurs, à peu près, des mêmes procédés de fabrication pour l'extraction de tous les autres gaz dont nous aurons à nous occuper.

DE LA PRODUCTION ET DE LA CONSOMMATION DU GAZ DE HOUILLE.

Le gaz doit recevoir une pression régulière de 2 centimètres d'eau par bec. L'important est d'établir les calculs de manière à n'employer que des tuyaux du diamètre nécessaire, afin de simplifier les dépenses. Ainsi on dit généralement, qu'un tuyau de 5 centimètres (2 pouces), fournit le gaz nécessaire à 125 becs, et qu'un tuyau de 16 centimètres (6 pouces) suffit pour alimenter 2,600 becs, sous une pression de 4 centimètres (18 lignes). Toutefois on n'emploie guère de tuyaux plus grands que de 37 centimètres (14 pouces), et pour les usines qui atteignent 4 à 5,000 becs, on ne se sert que de tuyaux de 21 à 27 centimètres (8 à 10 pouces). Les calculs doivent porter sur la distance à parcourir, sur la quantité de gaz à fournir à une heure donnée, sur la rapidité de son écoulement, la pression qu'il doit subir, etc. On

(1) *De l'Éclairage au gaz*, par E. Robert d'Hurcourt, in-8°. Paris, 1845.

compte ordinairement trois dimensions de tuyaux pour satisfaire à tous les besoins de la consommation.

Pour les grosses conduites et la canalisation publique, on emploie des tuyaux de fonte, ou de tôle bitumée, ou de bois, ou enfin de poterie. Jusqu'à présent ce sont ceux de tôle qui ont la préférence. Ils coûtent beaucoup moins que ceux de fonte, rendent un service égal et sont exclusivement employés par la ville de Paris. Nous sommes porté à croire, cependant, que les tuyaux de terre ont de l'avenir, surtout dès qu'on sera assuré de la solidité du mastic employé pour les joints, car c'est par là que se déclarent le plus ordinairement les fuites. Les tuyaux en poterie fabriqués en Alsace par MM. Zeller et Cie, présentent des conditions de fabrication tellement parfaites, que nous croyons très-possible la substitution de ce mode de conduites à ceux employés maintenant.

Pour les conduites intérieures, on se sert de tuyaux en plomb de différents diamètres, selon le nombre de becs à fournir; ils joignent l'appareil qui sert à éclairer et qui est le brûleur, ou bec.

Les becs sont à un ou à plusieurs jets, ou trous. Il est utile de comparer l'intensité de lumière et la dépense des différents systèmes en usage. A un seul jet, du diamètre de 7 à 8 dix-millièmes, avec une flamme ne dépassant pas 14 centimètres de hauteur, un bec brûle par heure 50 à 52 litres de gaz, et produit une lumière égale à trois bougies de l'Étoile.

Les becs à éventails brûlent mieux que les becs ronds, mais consomment une quantité sensiblement plus grande de gaz; elle varie de 180 à 300 litres par heure.

Le bec à double courant d'air est préférable; il est percé

d'un certain nombre de trous capillaires qui donnent passage au gaz et le font brûler en nappe cylindrique non interrompue. Il y a des becs à 8, 10, 15, 20 et 25 trous ou jets.

Au-dessus ou au-dessous de 20 jets, les becs ne donnent pas une lumière proportionnelle à leur dépense ; le bec à 20 jets doit donc être préféré, il donne généralement une lumière égale à celle de 15 à 16 bougies. Sa consommation est variable ; en le modérant régulièrement, cette consommation peut durer considérablement. M. Robert d'Hurcourt l'estime à 240 litres par heure; M. Magnier adopte le calcul de cet habile chimiste; cependant les chiffres qu'il donne ailleurs la font monter à 250 litres, et nous-même nous croyons qu'on peut parfaitement alimenter un bec à 20 jets au moyen de 235 litres environ.

Si un bec à 20 jets donne une intensité de lumière égale à 16 bougies, celle d'un bec à 15 jets ne sera plus que de 9 à 10 bougies ; celle d'un bec à 10 jets de 6 à 7 bougies, etc.

Voici d'ailleurs leurs proportions relatives :

Becs à trous	8	10	15	20	25
Lumière	360	360	391	409	382
Dépense	367	318	296	289	275
Intensité relative	98	118	132	141	139

On voit que l'intensité de lumière augmente jusqu'au bec à 20 jets, et qu'au-dessus elle diminue.

Le gaz de houille est d'autant plus éclairant qu'il est moins pur, car il ne doit, en partie, son pouvoir éclairant qu'au carbone et aux autres corps qu'il contient ; c'est ce qui le rend si délétère et si nuisible. Il demande un grand soin pour atténuer l'influence des substances qui échappent à la combustion, telles que le gaz *sulfureux,* excitant qui irrite et enflammé les surfaces muqueuses ; *le sulfite de carbone,* dont l'odeur est désagréable ; *l'acide hydro-sulfurique,* dont l'influence délétère est excessive ; le charbon qui, se combinant avec les vapeurs d'eau, couvre toutes les surfaces, de sorte que les dorures, les peintures, les couleurs des étoffes ne peuvent résister à cette cause de destruction, ce qui a fait bannir le gaz de houille des appartements et le proscrire comme moyen de chauffage. Mais le poison le plus violent qu'il dégage est *l'oxyde de carbone,* dont on n'est pas parvenu encore à le dégager et qui y est toujours mêlé dans la proportion effrayante de 9 à 14 p. 0/0. C'est à sa présence que l'on doit tant de cas d'asphyxie, comme celui qui a eu lieu, il y a quelque temps, à la Monnaie de Paris, et celui tout récent qui vient de coûter la vie à un ouvrier gazier du Havre.

Dans les endroits clos, ou peu élevés, où les gaz et vapeurs délétères ne trouvent pas d'issues pour s'échapper au-dessus des couches supérieures de l'air atmosphérique, la consommation du gaz de houille est donc très-dangereuse et peut asphyxier, d'autant plus que l'oxygène de l'air nécessaire à la combustion serait bientôt absorbé s'il n'était renouvelé.

En effet, un bec consommant, par exemple, 158 litres à l'heure, absorbe au moins, pendant ce temps, 234 litres d'oxygène et produit 128 litres 1/2 d'acide carbonique et 169 grammes 660 d'eau. Les quantités de charbon infiniment divisé qui échappent à la combustion, d'acide sulfureux et de sulfite de carbone qui se répandent dans l'air, n'ont pu être appréciées.

Les becs à 20 jets donnent beaucoup de fumée, les vacillations de la flamme qui paraît danser sont insupportables. Les verres ou cheminées qui ont pour objet principal de déterminer un tirage qui anime la combustion, rendent la flamme moins mobile, mais ne détruisent pas l'inconvénient, de même que le fumivore qui se trouve au-dessus n'empêche pas la fumée d'atteindre le plafond et de se répandre partout.

Le sifflement fréquent qui se fait entendre quand on allume un bec de gaz, provient d'une intromission d'air dans les tuyaux, et lorsque la lumière éprouve des soubresauts occasionnés par les eaux de condensation accumulées dans les coudes où elles gênent la circulation.

La chaleur que dégage le gaz est très-grande. Un thermomètre placé à un pied de distance d'un bec s'élève de 2 degrés, et de 6 degrés s'il en est à 6 pouces.

La lumière et la chaleur s'affaiblissent en raison inverse du carré des distances, c'est-à-dire que si, à une certaine distance, un corps reçoit une certaine quantité de chaleur, il n'en recevra plus que le quart à une distance double, le 9e à une distance triple, etc.

Le calorique est incoërcible, c'est-à-dire qu'on ne peut le conserver, le retenir.

Le gaz de houille, ou hydrogène carboné, ne pouvant s'enflammer qu'autant qu'il est mêlé d'oxygène et d'air atmosphérique en certaines proportions, c'est ce mélange qui le rend éminemment explosible et provoque la détonnation que l'on entend lorsqu'on l'enflamme.

Le gaz produit la lumière la plus vive, développe plus de chaleur que la lampe, absorbe plus d'oxygène et fatigue d'autant plus les yeux que la flamme bouge. L'éclairage artificiel influe beaucoup sur la vue en raison surtout de son degré de vacillation et d'intermittence.

Relativement à la couleur de la flamme, la jaune est la plus avantageuse; puis vient la flamme blanche et enfin la bleuâtre. Cette dernière doit sa lueur livide à la présence du soufre.

D'après Clegg, l'analyse du gaz d'une des meilleures usines d'Angleterre a donné pour résultat :

Gaz oléifiant	8
Hydrogène proto-carboné. .	72
Oxyde de carbone. . . .	13
Acide carbonique. . . .	4
Hydrogène sulfuré. . . .	3
	100

MM. d'Hurcourt, Payen, Barruel, l'abbé Prax, Gaudin, etc., ont tous trouvé la proportion de 9 à 14 d'oxyde de carbone.

Quant à la production, les cornues régulièrement et constamment chauffées doivent durer 15 mois et produire par hectolitre de houille, approximativement, car ces quantités changent selon la qualité de la houille et les soins de la fabrication :

26 m. cubes 704, ou 26704 litres de gaz;
131 litres de coke;
6 litres 420 d'eaux ammoniacales;
6 litres 250 de goudron épais;
0 litre 045 d'huiles, ou hydrocarbures volatiles.

La dépense en combustibles pour chauffage ne doit pas excéder 50 à 52 litres de coke, ou 23 litres de charbon, ou 7 litres de goudron par hectolitre de houille à distiller. Il faut, pour obtenir ces résultats, que combustibles et appareils soient dans les meilleures conditions de qualité et de construction.

Il n'y a pas avantage à prolonger la distillation de la houille au delà de 5 ou 6 heures, de même que le gaz doit séjourner le moins possible dans les gazomètres, car ce séjour lui nuit en diminuant sensiblement son pouvoir éclairant.

Une expérience faite dans une usine de Paris, sur 15 hectolitres de houille (1,200 kilogram.), a donné :

Gaz.	322 mètres cubes.
Coke.	19 hectolitres.
Escarbille	1,76 hectolitres.
Goudron.	70 kilogrammes.
Eau ammoniacale. . .	100 litres.

Tous ces produits, et bien d'autres encore que l'on rencontre dans la distillation de la houille, trouvent leur placement dans le commerce et diminuent considérablement le prix de revient. Le coke, cependant, est moins bon que celui qui est fabriqué dans des fours spéciaux pour l'usage de l'industrie métallurgique, mais il trouve un débit assuré pour le chauffage industriel et domestique.

Le gaz de houille est fatal à la végétation. Lorsqu'il se déclare une fuite, il s'infiltre dans les terres et les imprègne d'une telle quantité de sulfite de carbone qu'il s'en échappe une odeur qui infecte bientôt un grand espace, comme il arrive journellement dans les rues dès qu'on pratique des tranchées de réparations. Il gagne souvent les caves où il cause de grands désordres et les accidents les plus graves par les explosions qu'il provoque ; les plantes en souffrent considérablement, et les arbres dépérissent, surtout lorsqu'ils sont encore jeunes.

Les fuites sont d'autant plus nombreuses, d'autant plus inévitables que le gaz de houille contient des éléments excessivement corrosifs qui détruisent les conduites en fort peu de temps.

Quant à cette affreuse odeur qui lui est inhérente, les enthousiastes prétendent que c'est là une qualité précieuse parce qu'elle avertit des fuites et prévient les accidents. Ce n'est là qu'une assertion bouffonne. Autant vaudrait dire que l'éclair avertit et empêche l'effet des coups de la foudre. Les trop nombreuses catastrophes que l'on doit journellement aux explosions et aux influences toxiques du gaz de houille ne viennent pas donner raison à ces plaisants.

Pour s'assurer du degré de pureté du gaz on trempe un papier dans une dissolution d'acétate de plomb ; le gaz est pur si la blancheur du papier n'est pas altérée. Or, cela n'arrive pas dans les usines, et les expériences les plus récentes n'ont pu démontrer cette pureté complète du gaz de Paris, malgré les affirmations contraires des compagnies. M. Magnier le déclare d'ailleurs lui-même : le gaz de houille ne peut être d'une pureté complète et permanente.

On compte en moyenne, pour la consommation particulière, la lumière durant jusqu'à 11 heures, 4 heures et 1/2 d'éclairage par jour et 300 jours ouvrables par an.

On calcule ainsi le prix de revient du gaz de houille basé sur une fabrication de 3 fourneaux de 5 cornues chacun :

Chauffage pour 24 heures, 1,500 kil. de houille.	fr.	60 »
Houille distillée dans 15 cornues, 7,500 kil. .		288 »
Deux chauffeurs, au moins		8 »
Usure et entretien des appareils.		10 »
Chaux pour épurer.		20 »
	Total	386 »

En admettant qu'on retire en coke et en goudron 60 p. 0/0 en poids de 7,500 kil. de houille, on aura 4,320 kil. de coke à revendre à fr. 35 les 1,000 kil., soit 151 fr. — De 386 fr. il restera donc fr. 235. — 100 kil. de houille donnant à peu près 20 mètres cubes de gaz, 7,500 kil. en rendent 1,500 mètres cubes qui, divisés par 235 fr., forment un prix de revient de fr. 0,15 2/3 le mètre cube à l'usine. Rendu au bec il coûte plus de fr. 0,20, avec tous les frais et les déperditions de gaz qu'on peut évaluer à 20 ou 25 p. 0/0.

A Paris, le consommateur paye depuis le mois de janvier dernier 0,30 le mètre cube, après l'avoir payé 0,49 et même davantage.

En province et surtout dans les petites localités on ne pourrait guère l'obtenir à moins de 0,45 ou 0,50, les frais généraux étant comparativement énormes. C'est le prix qu'on va payer à Saint-Germain à partir du 1er janvier 1857; on le payait jusqu'ici 60 c.

GAZ COMPRIMÉ.

On comprime le gaz que l'on reçoit dans des récipients portatifs que l'on conduit au domicile des consommateurs. On évite ainsi les conduites et certains frais; mais ce moyen n'est praticable que dans de grands centres de population, et quoiqu'il semble prendre quelque faveur en ce moment, à Paris, nous ne croyons pas que ce soit le mode préférable. Les appareils à gaz comprimé sont très-coûteux parce qu'il faut qu'ils soient très-solides et surtout hermétiquement clos. Les gaz comprimés, quels qu'ils soient, sont très-difficiles à tenir dans des vases, même en métal battu; ils passent par les pores; il faut de doubles enveloppes, ce qui est fort dispendieux. En outre la police impose des obligations, des règlements presque impraticables. Il est donc fort difficile d'apprécier la valeur de ces vases à compression; ajoutez à cela les voitures de transport, les hommes nécessaires au voiturage et au maniement des appareils ; la multitude des vases qui ne coûtent pas moins de 1,000 fr. chacun, et l'on aura une idée du gaz comprimé rendu à domicile.

Le gaz de houille n'est presque jamais identique à lui-même. Il varie souvent dans sa composition et les résultats qu'il donne à cause de la nature des houilles qui le produisent, de la température à laquelle il a été formé et des procédés d'épurations physique et chimique auxquels il a été soumis. Ces épurations, bien opérées, ce qui est très-difficile dans les grandes usines, en séparent notamment la plus grande partie des hydro-carbures liquides et de l'acide sulfhydrique, l'ammoniac, les sels ammoniacaux, les acides acétique, carbonique et cyanhydrique, libres, ou combinés, etc. ; mais ce gaz renferme encore de l'humidité, des hydro-carbures, du sulfure de carbone et des traces d'acide sulfhydrique, outre une proportion effrayante d'oxyde de carbone.

Nous ne parlerons que plus tard du gaz comme moyen de chauffage ; mais disons tout de suite que celui de houille ne peut guère servir à cet usage. Il en résulterait de graves inconvénients, de la fumée, de l'odeur, des gaz malsains dans les appartements, la détérioration complète du mobilier, des explosions, des asphyxies.

GAZ D'HUILE ET DE GOUDRON.

On tire du goudron comme de l'huile, et par les mêmes procédés de distillation, une assez forte quantité de gaz d'une grande puissance illuminante. Cinquante kil. de goudron produisent parfois 27 à 28 mètres cubes de gaz. Mais les difficultés de l'opération, la cherté excessive de ce gaz ont fait échouer toutes les tentatives d'éclairage par ce procédé. Toutefois il sert, par le mélange, à rendre d'autres gaz éclairants, comme celui de tourbe, dont nous allons nous occuper.

Il ne faut pas confondre ce gaz avec un produit dont retentissent depuis quelque temps les annonces de la 4e page des journaux, et que, par antiphrase, on appelle *huile-gaz*, ce qui trompe beaucoup de gens qui croient que c'est un nouveau gaz, tandis que ce n'est en définitive que de l'huile de schiste, toujours fumeuse et nauséabonde, quoi qu'on fasse et quoi qu'on dise. C'est un progrès, sans doute, sur le suif, par exemple, ou sur l'huile commune mal épurée, mais ce n'est que cela.

N'oublions pas ici une tentative déjà ancienne et qui persiste : c'est la lampe Robert qui brûle de l'alcool dénaturé, dans des récipients commodes et élégants; mais cet éclairage n'est praticable que dans l'intérieur et coûte assez cher, les mélanges que l'on pratique lui font contracter d'ailleurs une odeur prononcée et jeter de la fumée.

GAZ DE TOURBE.

Les tourbes soumises à la distillation, comme la houille, donnent des produits très-complexes, notamment de l'eau, du charbon plus ou moins chargé de matières terreuses, des huiles essentielles, du goudron, de la paraffine, de l'acide acétique, de l'ammoniaque, des composés sulfureux, etc., et enfin des gaz très-peu éclairants formés d'hydrogènes pur et protocarboné, d'oxyde de carbone, d'un peu d'azote et d'acide carbonique. Ce dernier seul peut être enlevé par l'épuration.

Pour le rendre éclairant on fait une opération analogue à celle qui permet d'employer l'alcool pour l'éclairage au moyen des lampes, c'est-à-dire qu'on mélange à ce gaz pauvre, et dans des proportions convenables, un autre gaz sept à huit fois plus éclairant que le gaz de houille.

Ce gaz, très-riche en hydrogène peu carboné, est produit par la décomposition des hydro-carbures liquides et de la paraffine fournis par une première distillation de la tourbe; c'est un goudron particulier qu'on appelle huile de tourbe. On obtiendrait le même résultat avec les goudrons provenant du bois, des peaux, des matières cornées, des marcs de raisin, des résines, des corps gras et de la houille elle-même.

La tourbe se suffit donc à elle-même pour donner séparément du gaz dont la proportion du mélange peut à volonté régler la puissance éclairante, ce qui fait dire aux inventeurs de ce gaz, MM. Perpigna et comp., qu'il ne coûterait rien, à condition de vendre les charbons extraits des cornues à raison de 8 fr. les 100 kil. Ce serait là le plus heureux résultat, car des expériences photométriques, faites avec beaucoup de soin par M. L. Foucault, ont constaté que le gaz de cette compagnie était une fois et demie à trois fois plus éclairant que celui de houille fourni à la ville de Paris.

La distillation de 1000 kil. de tourbe, à 18 fr., rendus sous la bouche de la cornue, consomme 280 kil., de houille à 3 fr. les 100 kil. et produit 200 mètres cubes de gaz éclairant, plus 20 kil. de goudron non utilisé et 400 kil. de charbon léger. On dépense donc :

1000 kil. de tourbe	fr.	18 »
280 kil. de houille		8 40
	fr.	26 40

Et l'on produit :

400 kil. de charbon à 8 fr. . . .	fr.	32 »
20 kil. de goudron à 5 fr. . .		1 »
	fr.	33 »
En retranchant pour dépenses. . .	fr.	26 40
Il reste pour bénéfices.	fr.	6 60

plus 200 mètres cubes de gaz éclairant par tonne de tourbe, sauf les frais de fabrication, d'épuration qui sont assez considérables, les frais généraux, les intérêts et l'amortissement de capital, etc. Cependant si l'on parvient à vendre assurément le charbon de tourbe à raison de 8 fr. les 100 kil., la fabrication de ce gaz deviendrait très-économique.

Mais ces calculs donnés par les inventeurs ne paraissent pas d'une irréprochable justesse. En effet, il résulte d'un travail publié par M. Gaudin, calculateur du Bureau des longitudes, que 1000 kil. de tourbe ne produisent à la distillation que :

Charbon.	400 kil.
200 mètres cubes de gaz, densité 0,410 pesant 0,533 l'un.	106 kil.
Goudron.	20 kil.
	526
Dans 1000 kil. il y a donc.	474 k. d'eau.
	1000 kil.

Ces 474 kil. d'eau doivent être vaporisés, et cette énorme quantité d'eau est la cause pour laquelle le gaz de tourbe éclairant ne peut s'obtenir que par deux distillations successives. Il n'y a donc que le prix de vente très-élevé du charbon qui pourrait compenser cette infériorité. En admettant que pour la production du gaz de tourbe il n'y aurait aucune dépense en combustible, le charbon étant à 8 fr. les 100 kil., les 200 mètres cube coûteraient 16 fr, si le charbon ne se vendait que 4 fr., et le mètre cube reviendrait à 0,08 cent., ce qui serait encore très-cher.

Or le prix de 4 fr. est le prix du charbon léger de tourbe

obtenu par la calcination de la tourbe en vases clos, avec les résidus de nulle valeur et le gaz dégagé. M. Lefèvre, directeur de l'usine de Muizon, près de Reims, qui a reçu, l'année dernière, une première médaille à l'exposition universelle pour ses produits magnifiques, donne son charbon à raison de 3 fr. 36 cent. pris à l'usine, ce qui le porte à 4 fr. rendu à Paris. C'est aussi le prix du charbon de M. Moreau, à l'usine de Beaumont (Oise).

Le prix de 8 fr. est donc fictif, car il n'est pas possible qu'une tonne de tourbe, valant sur les lieux 10 fr., produise, par une calcination ne coûtant presque rien, 400 kil. de charbon valant fr. 28,80 c. représentant un bénéfice net de fr. 18,80 en sus de la vente habituelle de la tourbe.

La société Perpigna offre son gaz à raison de 10 cent. le mètre cube pour l'éclairage public, et 25 cent. pour les particuliers. Mais elle ne pourrait fonctionner que dans de grands centres de population où la consommation de gaz et de charbon serait considérable.

C'est dommage pour cette industrie, car ces prix sont comparativement peu élevés eu égard, surtout, à sa puissance relative d'éclairage, et il pourrait faire concurrence au gaz de houille.

La tourbe étant distillée à une température moins élevée que celle nécessaire à la production du gaz de houille, elle doit produire un peu moins d'oxyde de carbone.

Les gaz carbonés fabriqués pour l'éclairage n'ont ordinairement qu'une permanence relative, car, abandonnés au repos, et surtout soumis à la compression et au refroidissement, ils se liquéfient d'autant plus que leur richesse en carbone et en hydrogène condensés est plus grande et que le froid et la compression sont plus intenses. MM. L. Foucault et Mauguin, qui ont procédé à des expériences faites dans des conditions de température favorables à la liquéfaction du gaz de tourbe, déclarent qu'elle n'est pas moindre que celle du gaz de houille.

Pour l'usage habituel, l'emploi d'un gaz plus riche en carbone que le gaz de houille n'est pas désirable, car on serait trop exposé à avoir de la fumée par l'effet des courants d'air.

En résumé, quoique le gaz de tourbe produise une lumière vive et puissante, qu'il soit moins sulfureux que le gaz de houille et que son prix de fabrication soit moindre, il partage tous les inconvénients de celui-ci et sa permanence est moins grande encore. Il ne peut donc pas être utilisé pour les usages domestiques.

A propos du gaz de tourbe n'omettons pas, pour être complet, de mentionner les tentatives de M. Chiandi, ingénieur, dont les procédés ont apporté une amélioration dans la fabrication de ce gaz.

Le fourneau où le gaz se produit contient cinq cornues, quatre d'entre elles reçoivent de la tourbe et la cinquième, qui est à compartiment, reçoit le goudron et les huiles essentielles dont on a, par une distillation préalable, séparé les huiles légères, assez précieuses pour l'industrie, et toute l'humidité.

Le gaz pauvre qui s'échappe des quatre cornues se rend d'abord au condensateur et aux épurateurs, puis dans la cinquième cornue. Après avoir été entièrement privé d'humidité dans cette cornue, il se carbure au degré convenable, et se rend enfin au gazomètre en traversant un petit épurateur.

M. Chiandi prétend que son gaz est moins chargé, par ce procédé, d'oxyde de carbone, et il conseille d'employer pour le chauffage celui que l'on pourrait extraire de la tourbe décomposée à une basse température, mais qui ne pourrait servir à l'éclairage, car il est très peu éclairant et renferme trois fois son poids de carbone qui, en brûlant, produit de l'acide carbonique; d'ailleurs il faudrait, dans ce cas, établir deux canalisations : l'une pour l'éclairage, l'autre pour le chauffage, ce qui est peu praticable.

Il résulte, au surplus, des expériences de M. Jaquelin que le mélange de densités différentes peut se séparer par le repos : on serait donc exposé à des inégalités dans la puissance lumineuse.

GAZ EXTRAIT DE L'EAU. — GAZ SELLIGUE.

Depuis longtemps on connaissait l'hydrogène pur et l'on se rappelle assez ces briquets hydrauliques, curiosité d'appartement qui florissaient il y a quelque 25 ou 30 ans et qui donnaient du feu au moyen de l'électricité, pour savoir qu'il possédait la faculté de brûler lorsqu'il se mélangeait à l'air. Seulement, comme sa lumière est presque nulle, on chercha longtemps à le rendre éclairant soit en carburant ce gaz, soit en le mêlant à des corps plus riches en effets lumineux, soit en y interposant un métal quelconque. La grande difficulté vint encore de le produire à bon marché. Dans ses cours de chimie, M. Dumas conseillait, il y a vingt ans, de faire des expériences sur le gaz à l'eau.

Cette idée fut exploitée par M. Selligue qui obtint du gaz par la décomposition de l'eau dans une usine établie aux

Batignolles et le rendit éclairant au moyen de l'huile de schiste.

On ignorait alors les effets vénéneux de l'oxyde de carbone, connu depuis le commencement de ce siècle seulement; aucun savant ne les avait soupçonnés; ce fut dans le laboratoire de M. Pelouze qu'ils furent constatés pour la première fois par M. Leblanc; ils révélèrent une puissance toxique formidable, qu'il ne faut pas confondre avec celle de l'acide carbonique. Une atmosphère artificielle formée avec 30 p. 0/0 d'acide carbonique, abattit un gros chien qu'on y avait placé, mais qui fut rendu à la vie dès qu'il fut remis à l'air libre; 1 p. 0/0 d'oxyde de carbone, au contraire, lui aurait été mortel.

M. Selligue crut donc avec la plus entière bonne foi à l'innocuité de son procédé et bientôt il obtint l'éclairage de la ville de Strasbourg. Mais une nuit, le gaz ayant pénétré dans une boutique, quelques personnes en moururent. Dès ce jour l'emploi de ce gaz fut condamné.

Cependant l'esprit des savants, des chercheurs était tendu vers le gaz à l'eau, on sentait qu'il y avait quelque chose à faire et que là était le problème de l'éclairage parfait et économique. Des essais nombreux furent tentés et eurent des fortunes diverses. Le principal, celui qui préoccupa le plus le public et dont les fortunes contraires sont curieuses, est le gaz dit *des Invalides,* ou de *l'Alliance,* ou de Kirkham. Nous préférons lui laisser ce dernier nom, et nous allons l'analyser pour rechercher quelles sont les causes de la réprobation définitve dont il est l'objet.

GAZ KIRKHAM.

M. Kirkham, auteur d'un procédé nouveau, fonda une compagnie qui prit pour titre *l'Alliance* et pour gérant M. Howyn-Tranchère, membre honorable de l'assemblée législative. La société obtint bientôt la concession de l'éclairage de l'hôtel des Invalides avec l'autorisation d'y construire une usine et d'y faire des essais. Une commission, composée de MM. Dumas, Chevreul et Regnault, membres de l'Académie des sciences, fut nommée par le ministre de la guerre pour apprécier la valeur du procédé, qui devait enlever au gaz tout son oxyde de carbone.

Ce gaz se prépare en faisant traverser par de la vapeur d'eau surchauffée ou non surchauffée, une épaisseur considérable de coke chauffé au rouge. Cette vapeur se décompose immédiatement, complétement et donne des volumes égaux d'hydrogène et d'oxyde de carbone. Le gaz est donc formé dans ce cas de 50 p. 0/0 d'hydrogène et de 50 p. 0/0 d'oxyde de carbone, proportion effrayante! Bientôt la température du coke s'abaisse rapidement par le fait de la décomposition qui absorbe une grande quantité de chaleur; de l'acide carbonique se forme en même temps que de l'oxyde de carbone, et la production de ce dernier gaz diminue jusqu'au moment où l'on est obligé d'arrêter l'opération, parce que le coke, trop refroidi, n'effectue plus une décomposition efficace de la vapeur.

Dans cette fabrication l'oxyde de carbone doit donc toujours dominer fortement sur l'acide carbonique; aussi l'analyse a-t-elle donné constamment 35 à 40 p. 0/0 d'oxyde de carbone et seulement de 5 à 8 p. 0/0 d'acide carbonique. Cet oxyde de carbone ne peut être enlevé par aucun agent chimique à bas prix actuellement connu.

En outre, il est difficile d'employer du coke assez désulfuré pour qu'il ne s'unisse pas au gaz quelques composés sulfureux, dont il ne peut être entièrement débarrassé.

On ne peut le rendre éclairant que par des moyens semblables à celui qui servait à M. Selligue, c'est-à-dire en le mélangeant avec quelque huile essentielle impure, décomposée en gaz permanents, dans de certaines limites, à une température moins élevée, toutefois, que celle employée par M. Selligue. Si la distillation de la houille et de la tourbe était abandonnée, on obtiendrait difficilement, à bon marché, des hydro-carbures pour rendre ce gaz éclairant.

Le gaz Kirkham a dû renoncer, après de désastreuses épreuves, au droit de cité dans Paris, et c'est la *compagnie*

Parisienne du gaz qui a acheté le droit d'exploiter éventuellement ce procédé dans la capitale.

On se demande pourquoi cette singulière acquisition de la part d'une puissante société, à qui elle n'a coûté, du reste, que la minime somme de 45,000 fr., prix des appareils ; on se demande pourquoi, après avoir si rudement traité le gaz Kirkham dans des termes qui, radoucis, viennent de servir eux-mêmes à notre analyse, après le rapport si concluant de M. Pelouze qui le dénonça au conseil municipal de Paris, après les expériences qui ont démontré jusqu'à l'évidence ses influences désastreuses, on se demande pourquoi la *compagnie Parisienne* s'est incorporé une rivale abattue qui ne pouvait plus lui porter ombrage. Elle avait d'abord annoncé qu'elle espérait substituer le gaz Kirkham à celui de houille, et quand on lui a dit que cette résolution paraissait étrange après ses premières assertions, elle a répondu que ce n'était pas pour l'allumer, qu'elle l'avait acquis, mais pour l'*éteindre*; contre quoi M. Howyn-Tranchère a vivement protesté.

Voilà l'effet du monopole : une compagnie puissante craint une concurrence ; ou elle l'étouffe sous ses influences, ou elle la supprime en l'achetant pour rien lorsqu'elle est aux abois. On sévit avec raison contre les coalitions d'ouvriers qui, quelquefois, n'ont pas tous les torts de leur côté, pourquoi ne pas flétrir ces entreprises gigantesques qui s'élèvent depuis quelques années, qui absorbent toutes les branches de l'industrie et opposeront bientôt, si cela continue, des digues insurmontables au progrès ? Nous savons, par des données personnelles, combien ce maniement des grandes affaires rendent ceux qui s'en occupent, cupides et rapaces; combien le bien public entre pour peu dans leurs calculs et ce qu'il est employé de moyens déshonnêtes pour arriver à ces accaparements désastreux et pour leur maintenir les avantages d'un monopole sans conteste. La vieille loyauté marchande qui faisait l'honneur de notre bourgeoisie, s'éteint de jour en jour, la soif des bénéfices rapides s'empare de tout le monde, on joue sa fortune sur les chances les plus aléatoires, sur un coup de dé. Si la ruine arrive avec le déshonneur, on les supporte l'un et l'autre avec patience, avec impudence ; cela ne salit que peu dans un milieu de boue et se trouve bien vite oublié ; si l'on réussit, l'on devient fier et insolent, on prend l'humanité en mépris, et il ne peut en être autrement, dès qu'on ne peut avoir que du mépris pour soi-même.

Les grandes associations, nous le répétons, sont la plaie de notre époque. Elles la démoralisent et la perdent devant les générations futures. Les *fusions* dont on abuse, sont aussi nuisibles et souvent plus coupables que les coalitions que la loi atteint. On en verra trop tard les désastreux effets, et les peuples effrayés en maudiront la source.

GAZ A L'EAU PAR LA PILE GALVANIQUE

ET PAR L'ÉLECTRO-MAGNÉTISME.

Jusqu'à présent l'intensité d'électricité développée dans la pile, a été proportionnée à l'action chimique des acides ou des sels sur les métaux employés qui constituent les piles, c'est-à-dire proportionnelle à leur destination. Jusqu'à ce que l'industrie trouve les moyens d'utiliser à des conditions satisfaisantes les produits qui résultent de cette combinaison, nous n'avons guère à espérer la décomposition de l'eau à un prix qui puisse entrer en concurrence avec les procédés employés en ce moment.

Quant à l'emploi de l'électro-magnétisme et des courants d'induction, il semble promettre beaucoup plus, quoique les appareils ingénieux et déjà anciens de MM. Pixii, Masson, Clarke, Henri, etc., n'aient point encore réalisé ce que l'industrie en espérait. M. Shepard a fait fonctionner aux Invalides une puissante machine électro-magnétique, mais il a renoncé, dit-on, à son emploi pour la décomposition de l'eau.

Si ces problèmes pouvaient être un jour réalisés, ils produiraient en même temps que l'hydrogène le plus pur, moitié de son volume ou huit fois son poids d'oxygène, dont l'industrie trouverait un merveilleux emploi.

M. Paine, aux États-Unis, opère la décomposition de l'eau par l'action d'un appareil électro-magnétique d'aimants d'environ douze pouces de long, superposés horizontalement, et reliés ensemble par une hélice qui, d'après lui, augmenterait d'environ *dix mille fois* la puissance de la machine elle-même. Nous n'avons pas assez de prétention à la science pour discuter l'exactitude de cette donnée ; quoi qu'il en soit, une demi-pinte d'eau est introduite dans l'hélice creuse, et l'opération se fait par la génération du fluide aux deux pôles positif et négatif. Transmis séparément par deux conducteurs fixés chacun à une extrémité des aimants, et venant aboutir au centre d'un *électrode* plongé dans l'eau, ce double courant électrique en dégage le gaz, qui, allumé en cette condition, ne donne qu'une lumière pâle et terne, presque imperceptible. Mais, du moment qu'on lui fait traverser un bain de térébenthine ordinaire, il y acquiert des qualités d'incandescence qui donnent immédiatement à sa combustion un éclat éblouissant, sans opérer pourtant une diminution appréciable dans le liquide où vient de se produire ce dernier phénomène.

Tel est, réduit à sa plus simple expression pratique, le mode d'opérer de M. Paine.

L'éclat éblouissant de la lumière, obtenue par l'*électricité voltaïque*, est connu de tout le monde à Paris, où l'on en a fait de nombreuses expériences publiques; mais outre que l'on n'a pu encore la rendre fixe et permanente, de manière à lui donner un emploi pratique, sa cherté est excessive. Chacun des foyers lumineux qui éclairaient les docks Napoléon, coûtaient 19 fr. par soirée.

Une invention récente, dont l'Académie des sciences a été saisie, permettrait de recomposer indéfiniment les éléments de la pile; si le succès couronnait les efforts du jeune inventeur, il aurait rendu à la science le plus immense service.

GAZ PLATINE.

Le 11 avril dernier, nous nous trouvions à la table d'un ami, ancien chef distingué d'une grande industrie, lorsqu'il nous remit le numéro du journal le *Siècle* du matin, en nous disant : Eh ! bien, vous qui êtes toujours à l'enquête du neuf, qui demandiez dans votre dernier livre, de la lumière, du chauffage, des bains, des lavoirs à bon marché pour tout le monde, lisez-moi cela, voilà votre affaire !

En effet, un homme considéré parmi les gens de science, commençait ainsi un article *Variétés :* « Une découverte vraiment merveilleuse et qui remonte déjà à plusieurs années nous a été signalée.

» Par suite des améliorations qui ont été apportées à sa fabrication, le *gaz-platine* paraît n'avoir aucun des inconvénients du gaz de houille, etc. »

La lecture de cet article, commencée sur ce ton inaccoutumé d'enthousiasme par M. Ph. Blanchard, nous causa une émotion bien naturelle, et nous convînmes que nous demanderions d'être admis aux premières expériences qui se renouvelleraient. Le gérant de la Compagnie, M. Cormier, nous répondit avec beaucoup de courtoisie qu'il se mettait entièrement à notre disposition, ainsi que M. Gillard, l'inventeur, et que l'on nous recevrait à l'usine quand nous le désirerions.

Nous nous hâtâmes de courir à cette usine située rue du Petit-Parc, à Passy, et nous fûmes mis à même d'apprécier par nous-mêmes et d'étudier à notre aise l'heureuse modification apportée dans la fabrication du gaz à l'eau. Il était de la dernière importance de s'assurer en effet si les efforts de tous les hommes intelligents qui se sont occupés de l'extraction de l'hydrogène pur, Ibetson, Donovan, Jobard, Selligue, Spooner, Shepard, Kirkham, Paine, Gillard, etc., ne devaient aboutir qu'à une déconvenue, et si le gaz de houille devait conserver le privilége éternel de nous faire sauter, de nous asphyxier et de nous empester.

Déjà M. Dumas, dans son *cours de chimie,* avait dit :

« L'hydrogène pur acquiert lui-même la lumière éclairante. En interposant au milieu de la flamme un petit cylindre formé par un réseau de fil de platine, on provoque l'effet lumineux. Comme le procédé à l'aide duquel on obtient ce gaz est simple, et qu'il suffit de faire passer de l'eau en vapeur sur du charbon chauffé au rouge, que cet hydrogène ne contient ni hydrogène sulfuré, ni sulphydrate d'ammoniaque, qui noircissent si facilement l'argenterie, certainement le gaz ordinaire compte là un rival dangereux. »

Rien n'est en effet plus simple que la fabrication du gaz platine, qui n'offre d'ailleurs rien de bien différent, dans l'outillage et l'agencement, de ce que nous avons décrit plus haut.

Une chaudière, ou générateur de vapeur, est chauffée au moyen d'un combustible quelconque ; la vapeur d'eau obtenue par l'ébullition se rend dans des cornues où se trouve du menu de charbon de bois chauffé au rouge cerise. Là elle se répand, au moyen d'une multitude de petits trous qui la divisent à l'infini, sur la surface du charbon incandescent qu'elle ne fait que lécher. Elle se décompose aussitôt et donne naissance à de l'hydrogène pur, à de l'acide carbonique et à une faible proportion d'oxyde de carbone. Les gaz obtenus se rendent de là dans un condensateur et un épurateur qui débarrassent l'hydrogène de l'acide carbonique et ne lui laissent qu'une quantité insignifiante d'oxyde de carbone. Il est donc à peu près pur.

Le procédé qui distingue, dès l'origine de la fabrication, le système de M. Gillard de ceux employés par MM. Selligue et Kirkham, c'est d'employer le charbon de bois au lieu du coke, de faire lécher seulement la couche incandescente de charbon par la vapeur, au lieu de lui faire traverser toute la masse et d'éviter, au moyen de la disposition de l'appareil d'injection, le retour de l'acide carbonique sur le charbon. Il en résulte qu'il contracte une quantité bien moins considérable de gaz toxique. Le progrès est déjà immense.

Mais l'hydrogène pur n'est pas éclairant par lui-même, il fallait chercher le moyen de lui communiquer la puissance lumineuse sans avoir recours au mélange hybride avec des hydrocarbures, ou avec l'huile de schiste, ce qui revenait à lui donner tous les défauts qu'il n'a pas : l'odeur, la fumée, les émanations délétères, etc.

C'est alors que l'on profita des données indiquées par M. Dumas, et précédemment déjà par Davy, et un réseau en fil de platine, d'une ténuité extrême, interposé au sein d'un jet d'hydrogène, donna naissance bientôt à une lumière éclatante, incomparable de puissance et de beauté. Désormais le problème était résolu : le gaz pouvait obtenir son entrée dans nos boudoirs et nos salons ; bien plus, il détrônait dans la cuisine tous les anciens combustibles vieux comme le monde. Car non-seulement l'éclairage sain, économique, brillant était trouvé, mais aussi le chauffage dans des conditions inouïes d'agrément, de bon marché, d'utilité, de permanence.

Quelques mots sur la fabrication rendront tout cela plus intelligible.

Une commission composée de MM. Th. Rochard, de Gemini, Victor Tribouillet et Gaudin, chimistes, a été chargée de suivre les phases de cette fabrication et de constater le prix de revient en même temps que les qualités et les défauts du nouveau gaz.

La ville de Narbonne, sollicitée d'adopter l'éclairage au gaz platine, a chargé un chimiste distingué qui joint à cette qualité l'autorité de son caractère et de sa robe, M. l'abbé Prax, professeur au séminaire de cette ville, d'étudier le nouveau système, ce qu'il a fait avec un remarquable talent dans un Mémoire publié à Narbonne.

M. Louis Figuier, rédacteur scientifique de la *Presse*, professeur agrégé à l'Ecole de pharmacie, qui s'est élevé à une si grande hauteur par son ***Histoire des principales découvertes scientifiques modernes***, a publié dans ce même ouvrage le résultat de ses études sur le gaz platine.

M. Germain Barruel en parle dans son *Traité de chimie*).

Le conseil de salubrité de la ville de Paris a reconnu, dans un rapport signé Lorieux, Flandin et Bussy, que la fabrication de ce gaz et sa consommation n'offraient aucun danger pour l'hygiène publique.

Le conseil de salubrité du Havre, son conseil municipal et celui de Narbonne, ont été du même avis, après de minutieuses enquêtes.

La rédaction tout entière du *Siècle* a assisté aux expériences.

M. Margueritte, président du comité de direction de la *Compagnie parisienne* du gaz de houille, dans une polémique très-vive, dont nous reparlerons, ne put s'empêcher de reconnaître combien le gaz platine l'emporte sur ses concurrents du gaz à l'eau.

Nous pourrions citer encore bien d'autres autorités qui nous ont servi de guides dans nos études, mais nous constaterons seulement que notre conviction ne s'est pas formée seulement sur les expériences déjà suffisantes des hommes de science, mais que nous n'avons voulu parler qu'après avoir vu par nous-même, après avoir visité l'usine de Passy la nuit et le jour, et avoir consulté tous les amis compétents que nous y avons conduits, afin de n'avoir pas de reproche à redouter dans la propagation que nous avons voulu faire d'une des bonnes choses dont s'honore notre époque.

La fabrication du gaz dure à peu près quatre heures, elle donne une production de 20 mètres cubes au moins, par heure, avec une consommation de 70 kil. de houille pour les quatre heures, soit en vingt-quatre heures 480 mètres cubes de gaz pour 420 kil. de houille, représentant un peu plus qu'un mètre cube de gaz par kil. de houille brûlée. Ce calcul est pour un fourneau à deux cornues seulement. Pour cinq cornues, il faudrait tout au plus doubler le combustible ; on obtiendrait donc 1000 mètres cubes de gaz par 551 kil. de houille.

La houille pour chauffage des cornues peut être portée à 3 fr. les 100 kil.; le charbon de bois menu, ou résidu des charbonnières, coûte à peine un peu plus que les frais de transport, on peut l'évaluer à 6 fr. les 100 kil.

Pour produire 1500 mètres cubes d'hydrogène en vingt-quatre heures, il faut donc :

Houille, 850 kil. à fr. 3 les 100 kil. . . .	fr.	25 50
Charbon de bois, 430 kil. à fr. 6 les 100 kil. .		25 80
Chaux pour épurer, 1850 kil. à fr. 1 75. . .		32 37
Chauffage de la chaudière, 280 kil. de houille.		8 40
Main-d'œuvre.		6 »
	fr.	98 67

Ce qui mettrait le mètre cube à 6 cent. 54 pour le combustible, l'épuration et la main-d'œuvre; mais en comptant les frais généraux, l'entretien des fourneaux, appareils et tuyaux de conduite, les pertes de gaz, les frais de distribution, ceux d'administration, l'amortissement, les intérêts des capitaux, les droits d'octroi, etc. ; le prix du gaz rendu au bec atteint 12 à 13 c.

Mais nous avons calculé cela au plus haut; le charbon menu de bois ou poussier ne revient pas en ce moment à plus de 4 fr. ou 4 fr. 50 les 100 kil.; la chaux destinée à absorber l'acide carbonique peut être revivifiée et servir indéfiniment, ce qu'on ne peut pratiquer dans la fabrication du gaz de houille; la vieille chaux peut être revendue plus chère qu'elle n'a été achetée, c'est alors du carbonate de chaux, engrais recherché par les cultivateurs; le générateur peut être chauffé par la chaleur perdue du fourneau; on peut utiliser la grande quantité d'acide carbonique obtenue à des produits industriels tels que des bi-carbonates, de la céruse, etc. Enfin, en opérant la carbonisation du bois en vases clos, on peut en tirer du goudron et de l'esprit de bois dont la vente compenserait, et au delà, les frais de fabrication et la dépense du charbon.

La main-d'œuvre est bien moindre pour la production du gaz hydrogène que pour celle du gaz à la houille. En effet, avec la houille une cornue de grande dimension ne produit que 20 mètres cubes de gaz en quatre heures, tandis qu'on produirait, dans le même temps, avec la même cornue une quantité de gaz hydrogène plus que double. La main-d'œuvre serait donc moitié moindre pour cette opération. Le travail des épurateurs du gaz à la houille est très-pénible, très-long et très-rebutant, ce qui n'est point pour le gaz hydrogène.

Dans la distillation de la houille les cornues s'encrassent de plus en plus par un dépôt de carbone qui accroît sans cesse la consommation du combustible; le chargement de la houille froide contracte les cornues et les fait gercer; ces inconvénients n'existent pas avec le gaz hydrogène, les cornues ont toujours leurs parois intérieures parfaitement nettes, le charbon de bois introduit s'allume immédiatement et ne produit pas de refroidissement.

La loi d'écoulement des gaz étant en raison inverse des racines carrées de leurs densités, l'hydrogène s'échappe avec une vitesse plus que double de celle du gaz de houille dont les pertes, par les fuites, excèdent 20 0/0; donc il ne faut pour l'emploi du gaz hydrogène que des conduites d'une contenance de plus de moitié moindre, et ces tuyaux ne sont pas attaqués à l'intérieur par les matières corrosives qui atteignent ceux du gaz de houille ; en outre leurs joints pourraient être faits par des rondelles élastiques et imperméables de caoutchouc vulcanisé, de gutta-percha, de matières résineuses, etc., usage que ne permet pas le gaz de houille qui dissout ces substances.

On voit par cet exposé combien les procédés de fabrication du gaz à l'eau sont simples, combien il l'emporte sur les autres gaz en économie de frais progressifs et de frais fixes et de premier établissement.

Si la production devait être un peu considérable et que l'on eût à fabriquer, par exemple, 5,400 mètres cubes de gaz par jour au moyen de trois fourneaux de cinq cornues, donnant chacune 15 mètres à l'heure, les moyens économiques précités étant adoptés en partie, il faudrait compter :

Chauffage de trois fourneaux, 1500 kil. . .	fr. 60	»
Charbon de bois, id. 1400 kil. . .	75	»
Deux chauffeurs.	8	»
Usure et entretien des appareils.	10	»
Chaux (pour mémoire).	1	»
Total	154	»

Le mètre cube reviendrait à 0 fr. 02 c. 85, mais en admettant des frais imprévus, ceux d'octroi, à Paris, on peut le porter pour cette ville, à 0 fr. 03 c. 50. Or, nous avons vu précédemment que le prix de revient du gaz de houille est de 0 fr. 15 c. 66. Il y a donc, à l'avantage du gaz à l'eau, une différence de 0 fr. 12 c. 16.

Donc, si le gaz à la houille est vendu à Paris 0 fr. 30 et de 0 fr. 45 à 0 fr. 50 cent. en province, on peut donner partout le mètre cube de gaz à l'eau à raison de 20 et de 25 c., et réaliser encore de grands bénéfices.

En admettant, avec quelques calculateurs, que la différence des intensités de lumière, soit de 1 à 1,41, et qu'il faille dépenser 141 litres d'hydrogène pur lorsqu'on ne dépenserait que 100 litres d'hydrogène carboné, autrement dit s'il fallait dépenser par heure, pour obtenir l'intensité de lumière égale à une bougie, dix-sept litres de gaz à l'eau ou douze litres de gaz de houille, on trouverait la différence suivante :

100 mètres cubes de gaz de houille.	fr.	15 66
141 mètres cubes de gaz à l'eau.		4 93
Il y aurait encore en faveur du gaz à l'eau. . .	fr.	10 73

En province, les frais généraux étant comparativement plus considérables, le prix du mètre cube rendu au bec est plus élevé, mais la différence entre les deux gaz reste à peu près la même pour le prix de revient; pour le consommateur elle sera bien plus considérable en sa faveur, puisqu'il payera toujours le gaz de houille 50 ou 60 0/0 plus cher qu'à Paris, et que le gaz à l'eau restera au même prix partout.

L'hydrogène pur, ainsi que nous l'avons dit, brûle avec une lumière bleue, sans éclat, comme celle du punch, par exemple. On a cherché longtemps, comme on l'a vu, à le rendre éclairant en le carburant ou en employant le platine, mais on n'avait pas de moyens économiques de le produire en grand. C'est M. Gillard qui a résolu tous ces problèmes. Il interpose au milieu de la flamme dégagée par le gaz un petit réseau ou cylindre de filigranes de platine extrêmement tenus, qui passe immédiatement au rouge vif et revêt une puissance illuminante incomparable. Ce n'est plus la flamme fuligineuse, vacillante, dansante, intermittente du gaz de houille ; il n'y a pas de flamme du tout, c'est une lumière douce, calme, fixe, produite par l'éclat du métal incandescent, qui ne fatigue pas la vue et reste toujours la même. Ce petit appareil de 0 m. 03 c. de hauteur sur 0 m. 02 c. de diamètre, coûte 1 fr. 20 c., dure 15 mois, et rend encore 0 fr. 60 c. à la fonte lorsqu'il est usé.

Cette absence de flammes dispense de l'usage des cheminées de verre, dont la casse forme une si grande dépense, tout au plus emploie-t-on dans les appartements des globes pour en atténuer l'éclat. La combustion est toujours suffisamment entretenue, et n'a pas besoin d'être activée par des moyens artificiels.

L'hydrogène étant pur, sa combustion ne produit pas de fumée ; donc, pas de fumivore, pas de dépôt de carbone sur les meubles, pas de détérioration des dorures et des tentures ; pas davantage de ces influences délétères que dégage le gaz de houille et qui font changer les couleurs des étoffes.

Comme il ne recèle aucun corps étranger, il est inodore,

et le résidu de sa combustion peut se mêler à l'air sans que l'odorat ni la poitrine en soient le moins du monde affectés.

« On a toujours cru, dit M. Gaudin, que le gaz hydrogène était plus explosible que le gaz de houille ; cela est vrai dans certaines conditions. Il faut une plus grande proportion d'air pour faire fulminer le gaz de houille, et, *vice versâ*, il faut une moindre proportion d'air pour faire fulminer le gaz hydrogène, mais, en raison de sa grande légèreté, le gaz hydrogène résiste beaucoup plus au mélange que le gaz de houille.

» C'EST A N'Y PAS CROIRE ! Voici les faits :

» J'ai suspendu au-dessus d'un bec ordinaire à gaz hydrogène un couvercle d'étouffoir en tôle tout neuf, de 80 centimètres de diamètre parfaitement joint, ayant des rebords de 5 centimètres, et après avoir ouvert le bec et laissé l'écoulement s'opérer pendant un quart d'heure, j'ai approché un papier allumé de la paroi intérieure de l'étouffoir sans qu'il y ait eu d'inflammation ; ayant répété l'écoulement, j'ai plongé le nez au fond de l'étouffoir sans que l'odorat ni la poitrine m'aient indiqué la présence de la moindre trace de gaz, pas plus que le papier allumé présenté une seconde fois ; et pendant l'écoulement du gaz, j'avais promené le papier sur les joints pour vérifier leur bonne jonction.

» De deux choses l'une, ou bien le gaz hydrogène ne se mêle pas à l'air, il rejaillit contre les parois de l'étouffoir pour gagner le plafond, et dans ce cas il s'écoulera par le trou de dégagement pratiqué *ad hoc*, ou bien il se mêle à une trop grande proportion d'air pour demeurer explosible, ce qui aurait lieu, à plus forte raison dans un trajet plus long, par exemple, avant d'arriver au plafond ; donc, dans aucun cas, *il n'est explosible*. En serait-il de même du gaz de houille? Les explosions si fréquentes de ce gaz, qui se produisent dans ces mêmes conditions, témoignent du contraire.

» En cas de fuite et à mélange égal, il est certain que le gaz hydrogène serait beaucoup moins asphyxiant que le gaz de houille, puisqu'il est exempt d'hydrogène sulfuré, de sulfure de carbone, de benzine, etc., et, pour tout dire, qu'il renferme quatre à cinq fois moins d'oxyde de carbone, puisque le procédé de M. Gillard a précisément pour *but* et pour *résultat* de produire un gaz hydrogène sensiblement exempt d'oxyde de carbone (1). »

Un accident est venu plus tard confirmer cette observation du judicieux savant : Dans une salle de l'usine de Passy, la nuit, s'était déclarée une fuite qui avait rempli l'espace d'une quantité énorme de gaz échappé du gazomètre. Un ouvrier vint alors à y entrer par mégarde, avec un flambeau; aussitôt le gaz s'enflamma, mais sans explosion aucune ; seulement il brûla, massé contre le plafond dont il incendia les poutres. Un ouvrier qui couchait dans une pièce au-dessus ne fut réveillé que par la chaleur insolite que lui fit ressentir le plafond enflammé. Si pareil événement était arrivé avec du gaz de houille, l'usine entière sautait, et peut-être avec elle un quartier de la ville. Certes on n'aurait pas voulu tenter une aussi dangereuse expérience ; mais puisque le hasard s'en chargea, la Compagnie se trouva heureuse d'une aventure qui justifiait si bien ses espérances.

(1) *Rapport sur le gaz hydrogène pur*, etc., par M. GAUDIN, calculateur du Bureau des longitudes. 1855, page 5.

Maintenant laissons parler M. Ph. Blanchard dans son article déjà cité du 11 avril 1856.

« Comment la lumière à peine visible du gaz hydrogène pur peut-elle lutter avec celle de l'hydrogène carboné et bicarboné de la houille, qui doit, comme on le sait, sa vive clarté aux particules solides de carbone qu'elle renferme ? La connaissance de la cause de ce résultat, due à Davy, a conduit à en trouver le moyen. C'est chose merveilleuse de voir cette flamme si pâle et comme agonisante de l'hydrogène, étinceler tout à coup du plus vif éclat, et remplir l'espace d'un torrent de lumière, dès qu'on surmonte le bec d'un réseau de filigrane de platine. L'intensité lumineuse serait même trop grande, selon quelques personnes, beau défaut facile à atténuer et qu'on peut reprocher aussi au soleil. Assez vagabonde et oscillante de sa nature au gré des ondes aériennes, la flamme du gaz s'emprisonne ici d'elle-même, sans cheminée, dans le réseau à jour de platine ; elle s'y immobilise en en dessinant rigoureusement la forme. En vain ces luminaires radieux ouverts à tout vent sont-ils assiégés, sont-ils traversés par des courants d'air, ils en bravent l'orage et restent frais et purs, comme s'ils étaient devenus autant d'étoiles.

» Que le magique réseau de platine prenne la forme d'un objet gracieux, d'une fantaisie, ou coure en arabesque sur les murs, c'est d'une rose, ou d'un bouquet de fleurs, c'est d'un oiseau planant au-dessus de votre tête, ou d'un objet plus attrayant encore que vos yeux éblouis et charmés verront jaillir et ruisseler la lumière.

» Un petit mouvement volontaire ou involontaire imprimé au robinet du tube conducteur, a-t-il, par l'arrêt du courant gazeux, plongé tout à coup l'appartement dans l'obscurité? Vous êtes surpris et tout attrapé. Rassurez-vous. Il suffit d'un mouvement opposé pour rétablir aussitôt, comme par enchantement, toutes ces lumineuses merveilles, sans allumette, sans bougie, sans changer de place. La mèche métallique éteinte conserve assez de chaleur pour enflammer, même après un certain temps, la première bouffée de gaz et celles qui suivent. On peut faire passer ainsi, tour à tour, à volonté, un salon de la lumière aux ténèbres, du jour à la nuit, et de la nuit au jour. Vous ne pouvez, à un tel spectacle, vous empêcher de vous rappeler les célèbres paroles de la Genèse : *Que la lumière soit*, et... on a la réalisation du miracle sous les yeux.

» Ces flambeaux éclatants ne peuvent pas moins, à volonté, être réduits à une simple lueur, complétement inoffensive, pour l'œil le plus susceptible, à celle d'une humble veilleuse presque invisible, mais qui, d'un mouvement du doigt, vous inonde à l'instant de lumière. »

Ajoutons à ce tableau tracé d'une façon si pittoresque et si vraie, que l'on peut y joindre l'avantage des flambeaux mobiles en y adaptant un tuyau de caoutchouc qui correspond au conduit de gaz ; vous pouvez vous promener alors dans votre appartement, la lumière à la main, çà et là, où vous désirez, selon la longueur que vous aurez donnée au tuyau, ce qui est impossible avec le gaz de houille.

Nous nous sommes livré aux calculs suivants pour apprécier l'économie et les autres avantages de l'emploi du gaz pour éclairage :

Une lampe Carcel dépense par heure. . .	42 gr.	d'huile
Une lampe Bordier ronde de 12 lignes. .	30	»
Une lampe modérateur de 11 lignes. . .	24	»
Une lampe dito 7 lignes. . .	18	»

A raison de 1 fr. 35 c. le kil. elles dépenseront par heure :

La 1re	fr. 0,5,67	pour une lumière égale à	5 bougies.
La 2e	0,4,05	—	3 »
La 3e	0,5,24	—	2 »
La 4e	0,2,45	—	1 »

Il faut ajouter à cela le prix de la mèche, l'entretien de la lampe, les réparations fréquentes, la casse renouvelée des verres, le coulage, les pertes d'huile, le temps consacré à préparer, à allumer une lampe, les taches d'huile, la fumée, les provisions qu'il faut faire, les vases et la place qu'il faut pour les contenir : tout cela équivaut encore à une dépense de plus d'un centime par heure d'éclairage; la moindre lampe coûte par conséquent au moins 0 fr. 3 c. 50 par heure. Or, par le gaz-platine, en comptant 20 c. le mètre cube,

Un bec à	20 jets	coûtera	5 c. l'heure	pour une lumière de	16 bougies.
—	15	—	4	—	12 —
—	10	—	2 1/2	—	8 —
—	8	—	2	—	6 —

et pas d'autres frais que la dépense première de l'appareil et le renouvellement de la mèche de platine, évalué à 5 cent. par mois.

En prenant le gaz au compteur et en modérant régulièrement le jet, on peut encore atténuer ces dépenses.

Pour donner une idée des avantages qu'en tireraient les villes pour l'éclairage public, nous prendrons pour exemple celle de Poissy, qui dépense annuellement 2,800 fr. pour alimenter pendant une partie de l'année 37 lanternes, à raison de 6 c. 88 l'heure. Elle a pour ce prix un éclairage insuffisant, borgne, indigne de la plus pauvre cité ; une mauvaise chandelle placée dans une lanterne carrée, nettoyée avec soin, donnerait certainement plus de lumière.

Or, avec le gaz-platine elle économiserait près de 2 cent. par heure, et elle obtiendrait un éclairage vingt fois plus puissant. Voilà le progrès !

CHAUFFAGE PAR LE GAZ.

Une des grandes préoccupations de notre époque, qui domine même celle de l'éclairage, c'est la question du combustible pour chauffage. Une incurie déplorable a laissé déboiser le pays; l'industrie métallurgique, qui a pris des proportions si grandes depuis une vingtaine d'années, absorbe des quantités énormes de charbons de toute sorte ; nos bassins houillers ont vu leurs affleurements disparaître, et s'ils recèlent encore pour des siècles des provisions immenses, il faut fouiller profondément la terre et la main-d'œuvre pèse lourdement sur ce combustible. En vain s'est-on rejeté sur des produits jusqu'ici délaissés, les lignites, les tourbes, les anthracites, etc., en vain l'industrie, aidée de la chimie, est-elle parvenue à trouver des procédés économiques pour carboniser tous ces éléments du chauffage, et même pour en composer de factices, tels que le *charbon de Paris*, l'on n'est pas parvenu à faire diminuer le prix du combustible qui tend, au contraire, à s'élever de jour en jour, au point d'entraver l'industrie.

La nature des différents chauffages, les appareils qu'on est obligé d'employer font qu'on utilise tout au plus 12 à 15 0/0 de la chaleur produite (1), parce que les courants d'air que l'on établit au moyen des cheminées pour activer la combustion, entraîner la fumée et l'air corrompu, enlèvent le reste. Depuis quelques années on a apporté de grands perfectionnements dans la construction des calorifères, au point d'utiliser jusqu'à 40 et même 60 0/0 de la chaleur totale, mais pour ces derniers dont la surface de chauffe est très-étendue, ce sont d'immenses appareils dont le prix énorme et l'entretien font disparaître le bénéfice apparent de l'emploi du combustible.

Pour bien apprécier les indications qui vont suivre, rappelons ici qu'en théorie on appelle *calorie*, ou *unité de chaleur*, *unité calorifique*, la quantité de chaleur nécessaire pour élever d'un degré centigrade la température d'un kil. d'eau.

En cherchant donc combien chaque nature de combustible produit de calories, nous nous rendrons un compte comparatif exact de son utilité.

D'après Dulong, et à poids égal,

Le bois ordinaire, à 20 pour cent d'eau, produit.	2800	calories.
Le bois desséché à 100	3600	—

(1) PÉCLET, *Traité de la chaleur*, t. II, pag. 151.

Le coke.	6000 calories.
Le charbon de bois	7000 —
La houille	7500 —
L'hydrogène.	34700 —

Quant au poids nous trouvons que

Le stère de bois ordinaire pèse . . .	375 k. »
L'hectolitre de charbon de bois. . .	22 » »
L'hectolitre de houille.	80 à 84
Le mètre cube d'hydrogène	» » 89,4

Avec un kil. de charbon de bois pour décomposer la vapeur d'eau, on obtient 3 1/2 mètres cubes d'hydrogène, c'est-à-dire 12 fois plus que le kil. de charbon brûlé dans les conditions ordinaires.—Il faut 3 kil. 69 de charbon pour produire autant de chaleur utile qu'un mètre cube d'hydrogène. 3 k. 69 de charbon coûtent 67 centimes, le mètre cube d'hydrogène en coûte 20, différence en sa faveur, 47 c. — Autrement dit : un hectolitre de charbon de bois réduit à 15 p. 0/0 de chaleur utile produit 23,000 calories et coûte à Paris 4 fr.; pour avoir la même quantité de chaleur avec du gaz on consomme 7.44 mètres cubes coûtant 1 fr. 48 c.

Le stère de bois coûte à Paris 20 fr., et ne donne que 105,000 calories de chaleur utile ; les 33,97 mètres cubes d'hydrogène qu'il faut pour égaler cette chaleur coûtent 6 fr. 69.

La houille balancerait presque en théorie le prix de l'hydrogène pour la quantité de chaleur utilisée, si le prix du charbon de terre devait ne plus augmenter, ce qui n'est pas à espérer ; mais en pratique la différence est grande, comme nous pourrons le voir.

Un kil. d'hydrogène dégageant 34700 calories, contient

11,17 mètres cubes à 3116 calories par mètre, et coûte, à 20 c. le mètre, 2 fr. 23 c.

Si les combustibles solides perdent à la combustion 85 à 90 p. 0/0 de leur chaleur, en revanche on gagne avec l'hydrogène toute la chaleur produite, car il ne faut pas de cheminées pour activer sa combustion, il ne laisse pas trace de fumée ni d'autres résidus, et c'est celui de tous les combustibles connus qui dégage le plus de calorique.

En faisant un compte exact de chaque unité de chaleur utilisée, on trouve qu'à Paris :

1000 calories	de houille utilisées coûtent fr.	0.060
—	de coke	0.080
—	de bois	0.200
—	de charbon de bois. . .	0.270
—	d'hydrogène	0.012

L'hydrogène est donc le moins cher des combustibles, il revient à fr. 0.01 2/10

Quand	la houille coûte . . . fr.	0.06
—	le coke	0.08
—	le bois	0.20
—	le charbon de bois. . .	0.27

En 1853, Paris a consommé :

699,029 stères de bois, menu et fagots.
3,259,514 hectolitres de charbon de bois et poussier.
4,648,014 hectolitres de houille et tourbe carbonisée.

Le stère de bois, au détail, se vend fr.	20
L'hectolitre de charbon de bois . .	4
L'hectolitre de charbon de houille.	5

Il a donc été dépensé :

Bois . . . . fr.	13,980,580
Charbon de bois. . .	13,038,056
Houille et tourbe. . .	23,240,070
Total fr.	50,258,706

Tous ces combustibles réunis n'ont donné en chaleur utile que 548,608,592,960 calories.

Il aurait fallu pour remplacer toute cette chaleur par celle de l'hydrogène, dépenser 195,931,640 mètres cubes, en ne comptant que 90 p. 0/0 de la chaleur produite, soit 2800 calories par mètre cube. Or, à 20 c. cette quantité de gaz n'aurait coûté que fr. 39,186,328, ce qui aurait établi en faveur des consommateurs un bénéfice de. . . . fr. 11,072,378

La ville de Paris touche en octroi et en impôts sur les divers combustibles. . . . . fr. 5,169,848

La Compagnie du gaz platine lui aurait accordé pour droits d'octroi, de distribution et d'impôt sur les conduites, le quart de sa recette brute, soit . . . . fr. 9,796,582
ce qui lui aurait produit un surcroît de recettes de (1) . . . . fr. 4,636,734

L'hydrogène pur est éminemment applicable au chauffage domestique. Ainsi, pour chauffer l'air d'une chambre, il faudrait allumer du feu, brûler au moins pour 50 c. de combustible et attendre au moins un quart d'heure, tandis que pour 3 centimes de gaz hydrogène, on obtient la température convenable en moins de cinq minutes sans aucun embarras.

(1) *Mémoire à l'Empereur*, pages 4 et 5.

Si l'on voulait souder une pièce, chauffer de l'eau, faire bouillir du lait, cuire une côtelette, etc., on ne dépenserait pas un centime de gaz; car un kil. d'eau ou de lait, par exemple, exigerait, pour bouillir, un accroissement de 90 degrés, en le supposant déjà à la température de 10 degrés; c'est-à-dire 90 calories en théorie et 103 en pratique, en ajoutant 15 p. 0/0 en sus pour la perte de chaleur non utilisée; si 3106 calories coûtent 20 centimes, il est clair que 103 calories coûteront 66 millièmes, ce qu'il serait impossible de faire au même prix avec le charbon si le feu devait être allumé exprès.

Pour chauffer l'air d'une chambre contenant 50 mètres cubes, au sein de laquelle on brûlerait rapidement de l'hydrogène, on établirait le calcul suivant :

50 mètres cubes d'air pèsent 65 kil.;

La chaleur spécifique de l'air est quatre fois moindre que celle de l'eau, donc $34{,}700 \text{ calories} \times 4 = \frac{138{,}800}{65} = 2135$ degrés, c'est-à-dire, théoriquement, que 1000 grammes d'hydrogène porteraient 65 kil. d'air à cette énorme température.

Mais on ne veut échauffer l'air de la chambre que de 10 degrés, cependant à cause du refroidissement par les parois on doit compter sur 20 degrés au moins; nous disons donc :

$2135^{\circ} : 1000^{gr.} :: 20^{c.} : x = 9^{gr.}36$ d'hydrogène, ou 105 litres environ; à 20 c. le mètre cube, on dépensera fr. 0,02 c. 1 m.

En échauffant le même espace avec du bois ordinaire dont 1 kil. représente 2,800 calories, il faudra donc en employer 116 grammes pour produire le résultat de 9 grammes 36 d'hydrogène; mais le bois, quoiqu'on le suppose brûler rapidement dans les âtres en usage, ne donne, d'après MM. Péclet, Claudel, etc., que 6 à 7 p. 0/0 du calorique total produit, c'est-à-dire le quart du calorique rayonnant, qui lui-même représente environ le quart de la quantité totale développée, soit le quinzième partiel. Donc 116 grammes×15=1 kil. 76 à 5 fr. les 100 kil. au détail dans Paris=8 c. 8, c'est-à-dire plus de quatre fois autant que par l'emploi de l'hydrogène.

Si l'on faisait usage de la houille, 43 grammes 3 équivaudraient à 9 grammes 36 d'hydrogène ; mais sa chaleur rayonnante est au moins double de celle du bois, donc 43 grammes 3×7=303 grammes à 6 fr. les 100 kil. au détail dans Paris=1 c. 82, c'est-à-dire qu'elle coûterait environ un huitième de moins que l'hydrogène. Mais la houille n'est jamais brûlée complétement, elle produit de la fumée, de l'oxyde de carbone, délaisse dans les cendres beaucoup d'escarbilles non utilisées, sans compter la mauvaise odeur qu'elle dégage, surtout sous l'influence du vent et des moindres courants d'air, et les dégâts qu'elle fait sur les meubles, les tentures et les dorures. L'hydrogène est donc encore ici infiniment préférable et économique, d'autant plus qu'il peut échauffer un appartement en quelques minutes; l'emploi des autres combustibles exige un temps comparativement énorme, pendant lequel un refroidissement considérable a lieu par les parois de l'appartement et par les courants d'air du dehors, surtout si la combustion absorbe et entraîne dans la cheminée l'air de la chambre en quelque sorte à mesure qu'il s'est échauffé.

Quant à l'hygiène, les conditions du gaz platine sont bien supérieures à celles des autres combustibles et surtout à celles du gaz de houille. On ne peut brûler celui-ci à l'air libre; on est donc forcé de le brûler dans des appareils de manière à rejeter les gaz résultant de la combustion; il y a donc nécessairement une grande partie de la chaleur perdue, comme pour les autres combustibles. Au prix de 30 c. le mètre cube, il y aurait une bien plus grande dépense à faire qu'avec le bois ou la houille, sans compter les influences pernicieuses ou incommodes que nous avons déjà signalées. Que serait-ce dans les petites localités où l'on ne pourrait obtenir ce gaz qu'au prix de 45 ou 50 c.?

L'hydrogène produit en brûlant à peu près son volume de vapeur d'eau et quelques centièmes d'acide carbonique; il absorbe environ la moitié de son volume d'oxygène; ainsi, dans une pièce contenant 50 mètres cubes, soit environ 10 mètres cubes d'oxygène, la masse de celui-ci serait diminuée de 1/190e après la combustion de 105 litres d'hydrogène.

Cette faible diminution ne serait même pas atteinte à cause du renouvellement avec l'air extérieur. La combustion de ces 105 litres d'hydrogène n'absorberait donc pas plus d'oxygène que la présence d'une seule personne pendant 34 minutes.

Celle-ci vicierait l'air beaucoup plus, car elle transformerait cet oxygène en acide carbonique.

Quant à la vapeur d'eau produite, elle serait d'environ 85 grammes, si les courants d'air n'en entraînaient pas au dehors.

Cette quantité est plus au-dessus de la moyenne exigée par l'élévation de température indiquée d'autre part; en effet, en admettant que l'air de la chambre était primitivement à 10 degrés, et, ainsi que cela a lieu le plus souvent, à demi-saturé de vapeur d'eau, les 50 mètres cubes d'air en contenaient 242 grammes; en y ajoutant les 85 grammes produits après son échauffement à 20 degrés effectifs, plus 1 gramme qui sature les 105 litres d'hydrogène, on a 328 grammes d'eau.

Cette élévation de température pour de l'air à demi-saturé d'humidité eût exigé 427 grammes de vapeur d'eau, aussi l'hygromètre indique la sécheresse, et si, à la longue, il incline vers l'humidité, ce n'est que d'une fraction inappréciable, s'il n'y a pas de refroidissement dans la chambre.

La quantité de vapeur d'eau que produit l'hydrogène est donc le plus souvent nécessaire, en hiver surtout, quand l'air que nous respirons n'en renferme pas la proportion qu'exige la température que nous lui avons donnée; aussi sommes-nous ordinairement forcés de rendre cet air humide en plaçant sur nos poêles et calorifères un vase plein d'eau.

Au surplus, pour renouveler l'air, pour conduire au dehors l'humidité et les miasmes délétères, pour empêcher l'effet des fuites de gaz, il ne faut que pratiquer dans les appartements ce qui se fait depuis longtemps en Angleterre, et depuis des siècles en Allemagne et en Flandre, ce qui est recommandé spécialement par une circulaire du préfet de police: on n'a qu'à établir sur les parois opposées de la chambre, deux petites ventouses ou ventilateurs, une en haut pour l'échappement des gaz nuisibles, l'autre en bas pour le renouvellement de l'air, et l'on n'aura aucun danger à craindre.

Ce n'est pas seulement l'usage domestique qui gagnerait à l'emploi du gaz platine, mais encore l'usage industriel. La fonte des métaux se ferait à un degré mathématique, supérieur, et rien que de n'être plus obligé de laver les cendres, pour traiter les scories, comme dans certaines industries, pour recouvrer les parties de métal pur perdues, constituerait une économie des plus notables. Un bijoutier de nos amis a soudé des bijoux à l'aide du gaz platine, plus facilement et plus économiquement qu'avec la lampe ordinaire.

Pour la génération de vapeur, pour l'étuvage, pour le traitement des métaux et minerais dans les fourneaux à manche et hauts fourneaux, pour la fonte dans les creusets, pour les buanderies, les lavoirs, les bassins, les laboratoires de pharmacie, les cuisines des hôpitaux, des casernes, des restaurants, pour les boulangeries, surtout avec le système à sole tournante de M. Rolland, le gaz hydrogène est le combustible le plus économique, le plus propre et le plus commode possible.

Ici point de magasins, d'approvisionnements faits longtemps d'avance, qui rendent les capitaux inactifs et absorbent de gros intérêts ; point de fluctuations subites dans les prix qui jettent si souvent le désordre dans l'industrie, point d'encombrement, point de détérioration des combustibles comme il arrive pour la houille, par exemple, point de main-d'œuvre pour charger, décharger, traîner, mettre au feu et entretenir, point de coulage par des mains infidèles ou négligentes, pas d'entretien de chevaux, de camions, pas de crainte d'incendie, donc pas de primes d'assurance, pas de fumée qui dégrade tout, empeste l'atmosphère et incommode les voisins, aucun dégagement de gaz nuisibles et délétères; pas de cendres, d'escarbilles, de résidus de toutes sortes, pas de cheminées surtout, pas de pelles, de pincettes, de chenets, de garde-feu, de tisonniers, de cendriers, de ringards.

Quant à la consommation du gaz, l'abonné au compteur ne verra pas, comme pour le gaz de houille, sa consommation augmenter de jour en jour par l'agrandissement progressif des trous des becs, corrodés par le gaz de houille et qu'il faut épingler à chaque instant; il trouvera une économie et une sécurité non-seulement dans le prix et l'emploi du gaz platine lui-même, mais encore dans les accessoires. Tuyaux de conduites deux fois moins forts, et conséquemment moins chers; simplicité des appareils, absence de cheminées de verre qui se brisent à tout moment, de fumivores désormais inutiles; double destination du gaz qu'il emploie, comme chauffage et comme éclairage, à ce point, qu'en se servant pour le chauffage d'un appareil *ad hoc*, et en y interposant de la mousse ou un tissu de platine, il sera dispensé d'avoir en outre un appareil d'éclairage, ce qui constitue une économie notable et une innovation charmante.

Bien plus, dans ce cas, l'élégance le dispute à la commodité et à la propreté. Mais pourquoi nous évertuer à dire mal ce que nous trouvons si bien décrit ailleurs par une plume plus exercée que la nôtre? Laissons parler encore M. Blanchard :

« C'est ici, dit-il, que triomphe le nouveau gaz. Vous voulez élever la température d'une pièce à 15 ou 18 degrés de chaleur? c'est l'affaire de quelques minutes. Un petit chariot pyrique, recouvert d'un tissu incombustible d'amiante alimenté par un tube flexible, va procurer aussitôt sur un point quelconque de la chambre, au centre, à droite, à gauche, sur une table, tout près du lit d'un malade, un foyer ardent, d'une teinte d'azur, qui ne se consume jamais, qui ne fait jamais une parcelle de cendres, et est en même temps un spectacle des plus réjouissants pour les yeux.

» Ce foyer mobile peut revêtir les formes les plus variés, s'élever en cône, en pyramide, courir en spirale ardente, prendre l'aspect d'un serpent de feu, diversement contourné sur lui-même, et lançant mille petits jets de flamme bleue comme autant de dards bienfaisants, de tous les points de sa surface. Ne croyez pas que cette teinte soit due à une prédominence d'oxyde de carbone; elle provient surtout de la nature même de la flamme et de la vapeur d'eau qu'elle renferme.

» Ici nul apprêt préalable, nul embarras, point d'âtre fuligineux, point de fumée, point de soufflet, ni pelle, ni pincettes, pas ombre de cendres, pas traces de saleté, point de temps perdu. Le foyer tout entier est allumé en un clin-d'œil, tout aussi vite qu'une bougie ou un bec de gaz, et il a acquis dès la première seconde toute l'intensité qu'il peut avoir. Quel plaisir en rentrant chez soi le soir, par un temps d'hiver, de voir surgir aussitôt sous ses pieds ce vivifiant consolateur, sans appel aux domestiques, sans le moindre embarras. On se sent bientôt enveloppé par de douces et caressantes effluves de chaleur qui vous font bénir l'invention nouvelle.

» Vous voyez qu'il n'est pas question ici de ces longues gaînes noires de suie, d'un aspect non moins désagréable au sommet des édifices qu'en dedans, et par lesquelles nous descendent les frimas et quelquefois les voleurs; partant point de feux de cheminée, origine de tant d'incendies. Un simple orifice au plafond, en communication avec le dehors, suffit du reste, comme nous l'avons dit, pour le dégagement éventuel du gaz.

» Suivons maintenant ce nouvel agent du salon à la cuisine, ce petit recoin de nos appartements qui a bien son importance, et voyons s'il ne fonctionne pas là d'une manière non moins satisfaisante. Ce gaz pouvant se distribuer facilement sur un grand nombre de points, il n'y a presque pas de limites au nombre de plats qu'il permet de préparer à la fois sans embarras, au moyen d'un fourneau approprié fort simple, et de les y maintenir chauds aussi longtemps qu'on le désire.

» L'appareil destiné à rôtir la volaille et la viande est surtout fort ingénieux. Il se compose d'une série de tubes circulaires horizontaux surperposés, de chacun desquels s'échappent par de petits trous une multitude de petites flammes qui convergent toutes sur la volaille placée au centre, laquelle est ainsi, quoiqu'immobile, constamment lardée de traits de feu à petite distance, sur tous les points de sa périphérie, pendant que le jus en ruisselle intégralement dans un vase inférieur. Des robinets attachés à chaque cercle de flamme permettent de réduire ou d'activer, dans tel ou tel d'entre eux isolément, le courant du gaz, selon le degré de cuisson des parties correspondantes de la pièce. On peut faire rôtir ainsi un dindonneau ou un gigot en cinq ou six minutes. On a sans doute des torréfacteurs de rechange de différentes dimensions pour les pièces plus ou moins volumineuses. Et pendant que le rôti ou d'autres substances cuisent, la chaleur produite se propageant dans divers compartiments de l'appareil, sert à préparer d'autres mets. On peut obtenir ainsi, au feu le plus doux, un excellent pot-au-feu, sans s'en occuper le moins du monde. Ajoutons que ces fourneaux sont accessibles à toutes les bourses (1). »

Rien de curieux, d'intéressant à voir, à l'usine de Passy comme la série des appareils destinés à démontrer les applications qu'on peut faire du gaz à l'eau. Depuis le bec réduit, destiné à remplacer la chandelle du pauvre, jusqu'à l'éclairage éblouissant des plus riches salons, depuis le réchaud de l'ouvrier ou du célibataire qui veut avoir, pour un demi-centime, de l'eau chaude pour sa barbe, et qui coûte 3 fr., jusqu'au fourneau destiné à faire presque instantanément le dîner de quinze à vingt personnes, et qui ne revient qu'à 100 écus; depuis le simple tube de fer ou de cuivre valant 3 à 4 fr. et destiné à chauffer pour quelques centimes, en cinq ou six minutes, une grande pièce comme une salle à manger, jusqu'au récréatif charriot chargé d'amiante incombustible qui réjouit l'œil et chauffe à bien peu de frais un luxueux salon, et jusqu'au tube, du prix de 15 à 20 fr., destiné à remplacer avec avantage un grand calorifère qui en coûterait 1000.

Quant aux applications industrielles, elles sont encore plus nombreuses : il y a des appareils pour les fers des repasseuses, des chapeliers, des coiffeurs, des becs à souder, à émailler, à travailler le verre, avec leur chalumeau et leur soufflet à main en caoutchouc; de grands creusets pour la fonte des

(1) *Siècle*, du 11 avril 1856.

métaux, et pour les expériences de laboratoire, des forges avec tous leurs accessoires, des baignoires. Des compteurs sont disposés pour vous donner la quantité exacte de gaz consommé pour chaque expérience. Bien plus, et ceci est plus péremptoire, sans sortir de l'établissement vous pouvez voir l'application du gaz platine faite depuis longtemps, d'une manière permanente et pratique, aux usages domestiques : car la cuisine du directeur et celle de la portière ne se font pas autrement, et ils s'en trouvent bien, assurément.

Rien de facile, au surplus, et de moins coûteux comme de substituer les procédés nouveaux d'éclairage et de chauffage aux anciens appareils. Ainsi il est très-aisé d'y accommoder tous les fourneaux de cuisine existants, les fours de boulangerie, les grandes chaudières, les séchoirs, les buanderies, tous les poêles, les calorifères, les cheminées; la dépense se réduit à quelques francs, le prix de la moindre lampe ou du moindre réchaud.

Quant aux illuminations publiques, le nouveau gaz s'y prête merveilleusement. Ce n'est plus, comme avec le gaz de houille qui ne peut tracer, avec sa lumière vacillante, intermittente, que des dessins que les moindres agitations de l'air éteignent et rallument brusquement de la manière la plus choquante, ce qui n'est qu'un progrès peu sensible sur le lampion. Ici c'est une lumière fixe, calme, éblouissante, qui permet de tracer en traits de feu les contours les plus délicats, les lignes les plus déliées ; le platine prend toutes les formes, se plie à tous les caprices, vous obtenez, comme avec un style lumineux, les dessins les plus purs, les plus corrects, ou les plus fantastiques. Comme il ne donne pas de fumée, l'hydrogène se prête admirablement à l'emploi des verres de couleur qu'il n'est pas exposé à noircir comme il est arrivé dernièrement, aux fêtes du baptême, avec les charmants candélabres à globes dépolis qu'on avait érigés sur la place et sur le pont de l'Hôtel-de-Ville, et qui sont déjà remplacés.

Pour l'intérieur, les appareils de chauffage peuvent affecter la forme d'une couronne, ou d'une pyramide, ou d'un bouquet aux mille couleurs lumineuses. Ici c'est une vestale qui entretient son feu ; là le flambeau de l'Amour, ou la torche des Euménides, ou Jeanne d'Arc sur son bûcher au milieu des flammes ; c'est encore un brasero espagnol, un foyer au milieu des eaux, sur une glace réfléchissante ; un feu renvoyé par un miroir parabolique, une fontaine de flamme et de feu, etc. L'imagination et la fortune peuvent réaliser ainsi les créations les plus délicieuses comme les plus originales, car dans ce champ-là il n'y a pas de bornes.

Nous nous sommes rendu, ces jours-ci, rue de Rivoli, bâtiment de l'hôtel du Louvre, où la *Compagnie parisienne* a loué boutique pour exposer les appareils de chauffage au moyen de son gaz, qu'elle livre depuis le 10 septembre aux consommateurs, qui ne semblent pas se presser de l'employer.

Autant que nous l'a permis l'inspection sommaire que nous avons tentée, nous avons reconnu l'exactitude de nos appréciations précédentes, et nous persistons à croire que le gaz de houille ne présente, pour l'usage du chauffage, que des désavantages, non-seulement sur le gaz à l'eau, mais encore sur tous les autres combustibles.

Sans doute la *Compagnie parisienne* a voulu atténuer la grande déperdition de gaz qu'occasionneraient les courants d'air nécessaires pour enlever la fumée et les dégagements délétères du gaz ; à cet effet ses appareils ne brûlent son gaz qu'*incomplétement.*

Or, si le gaz de houille était complétement brûlé, 10 litres de ce gaz donneraient autant de chaleur que 30 litres de gaz à l'eau ; mais ce n'est pas ce qui arrive dans les expériences publiques de la rue de Rivoli. Ici 50 litres de gaz de houille sont brûlés pour faire bouillir un litre d'eau, tandis que 30 litres d'hydrogène pur suffiraient pour le même usage. Avec les prix différents des deux gaz, on constitue un avantage de 50 p. 0/0 en faveur du gaz à l'eau.

Ce n'est pas tout : on évite bien le noir de fumée sur les appareils culinaires, mais on produit des torrents d'oxyde de carbone qu'on répand dans la cuisine, on tue le cuisinier, et pour éviter un peu de noir de fumée (1) on perd une quantité énorme de calorique, puisqu'on ne produit plus, au moyen du carbone du gaz, que 1360 calories au lieu de 7500.

Les frais d'établissement d'usine pour la fabrication du gaz platine sont à peu près les mêmes que pour les autres gaz.

Pour 600 becs, ou une consommation de 600 mètres cubes par jour, les appareils de fabrication coûtent environ 27,000 fr. Il faut y ajouter l'achat du terrain, la construction des halles et bâtiments, la pose des conduites, etc. Nous estimons que

(1) Cet évitement n'est même pas complet, car il est facile de voir que la repasseuse qui fonctionne devant le public, rue de Rivoli, essuie ses fers, avant de les employer, sur un linge qu'ils noircissent.

pour fournir aux besoins d'une petite ville dont les voies publiques sont assez agglomérées pour ne pas nécessiter un trop grand développement de tuyaux de conduite, il suffit d'un capital de 120 à 150 mille francs, qui peut donner un bénéfice de 10,000 fr., tous intérêts, amortissement et frais payés.

En effet, il faudrait, pour cette fabrication de 600 mètres cubes seulement, qui ne se présente pas dans les conditions les plus favorables comme il arriverait si l'on fabriquait 1000 ou 1500 mètres cubes, il faudrait, par jour.

Houille pour chauffage du four 400 k. à 3 fr. le 100	fr.	12 »
Charbon de bois 173 k. à 8 fr.		13 84
Chaux à revivifier pour 270 k.		2 70
Main-d'œuvre, deux hommes et un aide		8 »
Usure des appareils		3 50
Total des frais, par jour,	fr.	40 04

Ce qui fait pour l'année	fr.	14,614 60
Intérêts de 150,000 fr. à 5 p. 0/0.		7,500 »
Amortissement du capital en 50 ans.		3,000 »
Impôts, patentes		1,000 »
Personnel, employés		4,000 »
Frais de bureaux		1,000 »
Assurances		500 »
Dépenses diverses et imprévues. .		1,500 »
Total pour l'année	fr.	33,114 60

Or, 600 mètres cubes vendus tous les jours à raison de 20 c. le mètre cube

Font par an	fr.	43,800 »
Dépenses		33,114 60
Il reste pour bénéfices	fr.	10,685 40
Ce qui, ajouté aux 5 p. 0/0 d'intérêts, compté comme dépenses. .	fr.	7,500 »

forment un produit *minimum* de fr. 18,000, soit 12 0/0 du capital. Il n'y a pas de meilleur et de plus sûr placement. Ce revenu se doublerait par une consommation de 1000 mètres cubes, beaucoup de frais restant les mêmes, et le produit de vente augmentant.

Pour les anciennes usines à gaz de houille, les dépenses à à faire pour les modifier à l'usage des procédés nouveaux, seraient insignifiantes comparativement aux résultats.

CONCLUSION.

En résumé nous dirons que :

1° L'éclairage par le gaz de houille est cher, malsain, incommode et dangereux;

2° Le chauffage au moyen de ce gaz est impossible au point de vue de l'hygiène, de l'économie et de l'exploitation. On sait que le produit principal de la fabrication du gaz de houille est le coke, qui ne peut servir qu'au chauffage domestique. Or, on en produit une telle quantité qu'il devient difficile à placer ; et que serait-ce, si les compagnies du gaz de houille, venant se faire concurrence à elles-mêmes, se mettaient à vendre du gaz pour chauffage? Plus l'usage de celui-ci se répandrait, moins le coke aurait chance de se vendre; l'un des deux produits serait donc abandonné; où serait alors l'avantage des compagnies à fabriquer du gaz de houille pour l'éclairage? N'est-ce pas là une impasse infranchissable, un inextricable dilemme?

3° L'hydrogène en brûlant absorbe trois fois moins d'oxygène que le gaz de houille, à volume égal ; il n'engendre que de la vapeur d'eau nécessaire à l'air ; tandis que le gaz de houille dégage des gaz délétères et nuisibles à la santé ;

4° L'hydrogène ne produit aucune fumée ; le gaz de houille au contraire, en produit beaucoup qui noircit nos plafonds qu'il faut blanchir tous les ans ;

5° L'hydrogène n'a pas d'odeur, il n'est pas malsain ; mélangé à l'air, on peut le respirer sans aucun accident ; le gaz de houille a une odeur nauséabonde, pestilentielle, on ne peut le respirer sans danger ;

6° L'hydrogène pur n'attaque ni les dorures, ni les couleurs, ni les étoffes, ni les tentures ; le gaz de houille, dans les magasins, dans les cafés, dans les théâtres, etc., détruit les dorures, ternit les couleurs, décompose la teinte des étoffes et détériore les métaux ;

7° Avec l'hydrogène, il n'y a ni cendres, ni poussière, ainsi qu'avec les autres combustibles ; on peut le brûler au milieu même des appartements. On ne peut brûler le gaz de houille dans l'intérieur de nos maisons, sans compromettre la santé ;

8° L'hydrogène enflammé dans des foyers d'amiante ou autres, ne peut occasionner d'incendie, comme le pétillement du bois ou comme une bûche allumée qui roule sur le parquet, ou comme la suie qui prend feu si facilement dans nos cheminées ;

9° L'hydrogène échauffe à 15 ou 20 degrés une pièce quelconque en cinq ou six minutes, avec l'immense avantage de répandre une chaleur régulière dans tout l'appartement. Au moyen du chauffage ordinaire dans nos cheminées, nous passons souvent des heures entières avant d'avoir produit une température convenable; nous nous brûlons les jambes et la figure, pendant qu'un air froid et perfide nous glace par derrière;

10° Avec l'hydrogène il n'est plus besoin de faire des provisions de bois et de houille qui encombrent nos caves et nos maisons;

11° L'hydrogène employé comme chauffage nous épargne beaucoup de temps perdu à préparer le feu, à souffler, à attiser le bois. On tourne un robinet, on allume instantanément le gaz, et peu d'instants après on jouit d'une chaleur douce et bienfaisante;

12° L'hydrogène, comme combustible, fait disparaître les pelles, les pincettes, les tisonniers, les cendriers, les vastes cheminées encombrantes; un simple tube percé de trous capillaires remplace tous les antiques appareils de nos foyers domestiques;

13° L'hydrogène est le moins cher de tous les combustibles; il est le plus propre, le plus commode, le plus simple, le plus prompt comme le plus puissant en chaleur;

14° L'hydrogène peut servir à l'éclairage, soit en le carburant, soit en le rendant éclairant au moyen d'un petit réseau de platine, ou de la chaux ou de la magnésie calcinée;

15° L'hydrogène pur, en s'échappant de nos appartements, ne présente pas de danger d'explosion; et si l'on pratique près du plafond un trou de dégagement au dehors, il est impossible qu'il arrive un accident (1);

(1) Au moyen du *cherche-fuites* Maccaud, on a découvert à l'Opéra 180 fuites,

16° L'hydrogène n'est nullement nuisible aux arbres et aux plantes, que le gaz de houille fait périr;

17° Enfin le gaz platine est à peu près pur; il ne contient que de 2 à 3 pour cent d'oxyde de carbone, tandis que le gaz de houille en contient 14 pour cent, et que l'hydrogène extrait de l'eau par tous les autres procédés industriels, en renferme de 25 à 30 pour cent. Le gaz platine est donc le seul qui puisse être introduit dans les appartements.

Tels sont les éléments et les recherches qui ont formé notre opinion sur les différents systèmes d'éclairage et de chauffage usités ou proposés de nos jours; nous pensons que les gens sérieux se rangeront de notre avis et se convaincront sur ce que nous venons d'exposer, et sur des expériences faciles à faire, que le gaz platine l'emporte sur tous ses concurrents anciens et nouveaux.

Nous ne voulons pas entrer ici dans une polémique qui se poursuit entre la *compagnie Parisienne* et la *compagnie Cormier* du gaz platine; le *Siècle*, qui exerce en qualité de seigneur sur ses terres, le droit de haute et basse justice, a laissé le champ libre aux adversaires, et la lutte n'a pas été favorable au gaz de houille dans la personne de M. Margueritte, président du comité d'administration de la *compagnie Parisienne*. L'acharnement qu'il a montré, les obstacles sans nombre et déloyaux que l'on a suscités au gaz platine, à Paris, au Havre, à Narbonne, partout où il a cherché à se produire, prouvent les efforts désespérés d'un adversaire agonisant.

dont *deux dans la loge de l'Empereur;* faites qu'on ne soupçonnait pas, malgré l'*odeur âcre* si utile du gaz de houille, suivant les prôneurs.

En vain affecte-t-on de se retrancher derrière un rapport présenté, en 1854, par M. Pelouze, au conseil municipal de Paris, rapport qui condamne le gaz à l'eau. M. Pelouze a eu le tort impardonnable pour un savant, pour un homme chargé d'éclairer la religion d'un corps délibérant, de condamner tous les gaz extraits de l'eau sur le vu seulement du gaz des Invalides, fabriqué par le système Kirkham. Il a procédé par induction, par analogie, comme un prétendu naturaliste qui déclarerait tous les champignons vénéneux, parce qu'il lui en serait tombé sous la main un échantillon qui n'aurait pas été comestible. Cela rappelle le touriste servi, en descendant de voiture, dans une auberge allemande, par une fille aux cheveux rouges, et qui écrivait gravement : *Ici toutes les femmes sont rousses.*

Nous ne voulons pas reproduire tous les bruits qui courent sur les motifs secrets qui ont pu dicter le travail de M. Pelouze, nous préférons croire à une erreur de sa part, à un écart involontaire dans ses habitudes d'investigations scientifiques et nous en voulons davantage aux gens de mauvaise foi qui se servent de ce rapport pour attaquer une chose éminemment utile, dont l'adoption générale froisserait quelques intérêts particuliers qu'on veut faire honteusement prévaloir. Mais Hercule au berceau étouffa les deux serpents envoyés pour le détruire.

Les procédés du gaz platine se sont tellement perfectionnés en peu d'années, qu'à l'origine il produisait comme celui de houille, de 9 à 14 pour cent d'oxyde de carbone, trois fois moins cependant que celui des Invalides et pas plus que celui de Paris. MM. Payen, Stass, de Bruxelles, Leblanc et Regnault n'en trouvèrent que 9 pour cent; MM. Jacquelin, Barruel et Mathieu, 14 pour cent; mais dans de mauvaises conditions, ainsi qu'ils ont eu le soin de le consigner dans leur rapport. Dans une nouvelle analyse, M. Germain Barruel n'en trouva plus que 5 pour cent; M. Dussauce, 2 pour cent, M. l'abbé Prax, 2 1/2 pour cent. Ne doit-on pas plutôt ajouter foi à ces messieurs qui ont expérimenté le gaz platine avec soin, avec attention, qu'à M. Pelouze, qui ne l'a jamais vu, qui n'a pas mis les pieds dans l'usine de Passy?

Dans un remarquable travail publié par le *Journal du Havre*, M. Cazavan, son rédacteur en chef, a fait justice de toutes ces misères, de toutes ces calomnies, de toutes ces envies lâches et honteuses, de toutes ces menées sourdes et ignobles qui entravent la marche du progrès et font que les ressources de nos villes s'usent en vieilles petites choses très-chères, et sont absorbées par quelques maltôtiers cupides qui repoussent le progrès parce qu'il leur rapporte moins que la routine et l'ignorance où ils laissent les populations. Il y a à cet égard, dans notre législation communale, une lacune et un vice sur lesquels nous reviendrons un jour.

TABLE

POISSY. — TYPOGRAPHIE ARBIEU.

L'attention publique est éveillée sur toutes ces questions, le gouvernement vient de consulter à cet égard tous les conseils généraux et les chambres de Commerce ; un congrès douanier vient de s'assembler à Bruxelles ; le monde entier est préoccupé ; ce livre est donc d'une actualité frappante.

« Depuis longtemps, dit l'auteur dans sa préface, nous désirions connaître à fond l'industrie la plus féconde, la plus utile de notre temps, l'industrie métallurgique. Nous avons donc parcouru successivement le Nord de la France, la Belgique, la Prusse, nos possessions de l'Est, etc., visitant les forges, les fonderies, les usines, les mines de toute espèce, nous enquérant des quantités produites, des débouchés, des prix de revient et de vente, des moyens et des frais de transport, du salaire des ouvriers, de leur condition, du sort que l'avenir leur réserve, du soin dont ils sont l'objet de la part des gouvernements et des industriels.

» De là nous avons été amené à établir la comparaison entre les divers pays, à nous rendre compte de leurs ressources, de leurs efforts, de leurs besoins; et bientôt nous avons eu à nous préoccuper de la grande question du jour, du *libre-échange*, de la suppression des tarifs douaniers, dont l'Angleterre a donné au monde le décevant exemple.

» Au milieu des circonstances graves où nous nous trouvons le citoyen n'a ni le loisir de rester oisif ni le temps d'être malade. Il doit incessamment à son pays son temps, ses efforts, ses pensées, sa vie. Nous avons donc cru qu'il serait utile, qu'il serait bon de confier nos impressions au public, de jeter les pages qui suivent dans l'arène de la discussion, de tâcher d'y apporter un peu de lumière par un peu d'examen, d'arrêter enfin les esprits sur la pente fatale où on les entraîne par de spécieuses théories.

» Depuis longues années nous combattons toutes les nouveautés trop radicales, trop absolues, trop empressées, de ces esprits inquiets, remuants, qui veulent précipiter les voies de l'avenir et qui ne font dans le présent, que creuser le gouffre fatal des révolutions. Fortement et résolûment attaché au maintien de l'ordre social sur les vieilles bases de la famille, de la propriété, d'une sage liberté, nous sommes resté sur la brèche du vieux monde, et nous combattons à outrance les envahisseurs, quels qu'ils soient. »

Le LIBRE-ECHANGE forme un très-beau volume in-8°, imprimé avec soin, avec un grand nombre de tableaux statistiques. Prix : 5 fr. — Par la poste 6 fr. 50. — Envoyer un bon de poste, ou des timbres-poste, ou enfin un bon sur Paris.

POISSY. — TYPOGRAPHIE ARBIEU.

OUVRAGES DU MÊME AUTEUR.

CONTES DU CHANOINE SCHMID, splendide édition, illustrée par Gavarni et publiée pour l'éducation du comte de Paris. 2 vol. in-8. jésus. Prix, 24 fr.

CONTES POPULAIRES DE L'ALLEMAGNE, enrichis de 300 gravures de Richter et des premiers artistes allemands, 4 vol. in-18. Prix, 12 fr.

LIBRE ÉCHANGE, NOTES DE VOYAGES sur l'état de la métallurgie en Europe, sur les questions douanières, le sort des classes ouvrières, etc. 1 beau vol. in-8., avec tableaux. Prix, 5 fr.

LA VÉRITÉ SUR LES PRISONS, in-8. Prix, 2 fr. 50 cent.

JOURNAL DES PRISONS ET DES ÉTABLISSEMENTS DE BIENFAISANCE.

FRANCE ADMINISTRATIVE, recueil hebdomadaire.

LES JUIFS DE FRANCE, LEURS MŒURS, LEUR HISTOIRE, in-18.

CE QUE SONT LES JUIFS DE FRANCE, in-18.

PARABOLES, joli volume, in-18. Prix, 2 fr.

LOIDOROS, petit livre des salons, in-32.

ITINÉRAIRE DE PARIS A ALGER ET D'ALGER A PARIS.

DE LA COLONISATION EN AFRIQUE, par les pauvres, les orphelins et les condamnés libérés, in-8.

LES SANGSUES, étude d'histoire naturelle, in-8.

LES GRANDES INDUSTRIES, formant 2 beaux volumes in-8°, composés de 10 Études. Prix : 12 fr.

POISSY. — TYPOGRAPHIE ARBIEU.

www.ingramcontent.com/pod-product-compliance
Ingram Content Group UK Ltd.
Pitfield, Milton Keynes, MK11 3LW, UK
UKHW021228230726
13926UKWH00003B/1301

9 782013 681315